LES
RUINES
DE PARIS

PAR

CHARLES MONSELET

auteur de

La Franc-Maçonnerie des Femmes.

III

PARIS

L. DE POTTER, LIBRAIRE-ÉDITEUR

RUE FONTAINE MOLIÈRE, 27.

LES RUINES DE PARIS

NOUVEAUTÉS EN LECTURE

DANS TOUS LES CABINETS LITTÉRAIRES

Monsieur Cherami, roman entièrement inédit, par Ch. PAUL DE KOCK, 5 vol. in-8.
L'Envers et l'Endroit, épisode de la fin du règne de Louis XIV, roman historique, par Auguste MAQUET. 4 vol. in-8.
Les Drames de Paris, par le vicomte PONSON DU TERRAIL. 8 vol. in-8.
Le Prix du sang, par A. DE GONDRECOURT. 5 vol. in-8.
Nena-Sahib, ou l'insurrection des Indes, roman hsitorique, par Clémence ROBERT. 3 vol. in-8.
La Reine de Paris, par Théodore ANNE. 3 vol. in-8.
Un ami de ma femme, par Maximilien PERRIN. 3 vol. in-8.
Monsieur trois étoiles, par mad. la comtesse DASH. 3 vol. in-8.
Le Bossu, aventures de cape et d'épée, par Paul FÉVAL. 5 vol. in-8.
La Bête du Gévaudan, par Élie BERTHET. 5 vol. in-8.
Les Ruines de Paris, par Charles MONSELET. 4 vol. in-8.
Le Chevalier de Dieu, par Paul DU PLESSIS et Albert LONGIN. 5 vol. in-8.
Les Spadassins de l'Opéra, par le vicomte PONSON DU TERRAIL. 6 vol. in-8.
La Belle Créole, par Henry DE KOCK. 4 vol. in-8.
Le Filleul d'Amadis, par Eugène SCRIBE. 3 vol. in-8.
La Comtesse Maximi, par A. DE GONDRECOURT. 5 vol. in-8.
Le Marquis de Lupiano, par Charles RABOU. 5 vol. in-8.
La Louve, par Paul FÉVAL. 6 vol. in-8.
Les Folies d'un grand Seigneur, par Ch. MONSELET. 4 v. in-8.
La Vieille Fille, par A. DE GONDRECOURT. 4 vol. in-8.
Le Masque d'Acier, par Théodore ANNE. 4 vol. in-8.
Le Juif de Gand, par Constant GUÉROULT, auteur de *Roquevert l'Arquebusier*. 4 vol. in-8.
La Princesse Russe, par Emmanuel GONZALÈS. 2 vol. in-8.
La Fille Sanglante, par Charles RABOU. 4 vol. in-8.
La Belle Provençale, par le vicomte PONSON DU TERRAIA. 6 v. in-8.
Dettes de Cœur, par Auguste MAQUET. 2 vol. in-8.
Le Tigre de Tanger, par Paul DU PLESSIS, auteur des *Boucaniers*, *Montbars l'Exterminateur*, *le Beau Laurent*, et Albert Longin. 5 v. in-8.
Le Médecin des Voleurs, par Henry de KOCK. 4 vol. in-8.
La Cape et l'Épée, par le vicomte PONSON DU TERRAIL. 5 vol. in-8.
L'Homme de Minuit, par Étienne ENAULT et Louis JUDICIS. 4 v. in-8.
La Tour Saint-Jacques, par Clémence ROBERT. 4 vol. in-8.
Les Frères de la Mort, par Charles RABOU. 5 vol. in-8.
La Mignonne du Roi, par Emmanuel GONZALÈS. 3 vol. in-8.
M. Choublanc à la recherche de sa Femme, par Ch. PAUL DE KOCK. 3 vol. in-8.
L'Homme de Fer, par Paul FÉVAL. 5 vol. in-8.
Les Chevaliers errants, par O. FÉRÉ et D. A. D. ST-YVES. 4 vol. in-8.

Pour la suite des Nouveautés, demander le Catalogue général qui se distribue gratis.

LES
RUINES
DE PARIS

PAR

CHARLES MONSELET

auteur de

La Franc-Maçonnerie des Femmes.

III

PARIS

L. DE POTTER, LIBRAIRE-ÉDITEUR

RUE FONTAINE MOLIÈRE, 27.

Droits de traduction et de reproduction réservés.

LE MÉDECIN DES VOLEURS

ou

PARIS EN 1780

PAR HENRY DE KOCK.

Montrer Paris tel qu'il était comme mœurs, comme habitudes, comme usages, vers la fin du dix-huitième siècle, tel a été le but de l'auteur de ce livre. S'embarquant à pleines voiles dans le roman d'aventures, Henri de Kock, que nous ne connaissions jusqu'ici que comme un fin observateur d'amours et de ridicules modernes, a bravement couru sur les brisées du maître à tous en ce genre : Alexandre Dumas. Drames étranges ou terribles, scènes émouvantes ou comiques, caractères habilement tracés, types curieux, *le Médecin des Voleurs* contient tout cela, et notez, — un grand éloge à faire encore de cette œuvre, — que Henri de Kock, en s'y livrant, a évité l'écueil contre lequel se sont brisés le plus souvent les écrivains qui ont parlé de cette époque ! — Le règne de Louis XVI. — Pas un mot de politique, pas une phrase ayant trait à la révolution ne viennent déparer de leurs teintes trop sombres, un récit où l'imagination ne perd rien cependant à se mêler à la réalité. *Le Médecin des Voleurs* est appelé à un immense succès. On lira ce livre pour s'amuser... on le lira pour s'instruire.

LA REINE DE PARIS

PAR

M. THÉODORE ANNE.

L'époque de la Fronde, cette lutte entamée par des fous et continuée par des ambitieux, a des incidents qui sont de nature à tenter les romanciers. Pourquoi la Fronde a-t-elle commencé, pourquoi a-t-elle fini ? c'est un point difficile à expliquer. L'histoire ne donne point de cause sérieuse à cette guerre qui dura quatre ans, à ce désordre qui trouva son dénoûment, quand on fut las de combattre, et quand après tant de sang inutilement versé, la France aux abois cria grâce et merci. Le roman a le champ libre, grâce au silence de l'histoire, et M. Théodore Anne en a profité pour donner au moins à cette collision une apparence de motif. Trois lignes de l'ouvrage de M. le comte de Saint-Aulaire sur cette époque, lui ont servi de point de départ, et usant de son privilège de romancier, il a mis dans la tête de la duchesse de Longueville, ce que l'on dit avoir existé un instant dans celle du prince de Condé, son frère. Peut-être trouvera-t-on que la Fronde, ainsi représentée, rappelle des événements plus modernes. C'est que tous les désordres sont frères et marchent vers le même but. C'est la soif des grandeurs d'un côté, c'est la soif de l'or de l'autre, qui guident les ambitieux de haut et de bas étage. Mais à côté du tableau ainsi présenté, se trouve la leçon et le dénoûment qui met chaque chose à sa place, montre que les plus grands agitateurs capitulent facilement quand leurs intérêts sont sauvegardés. A côté des scènes d'ambition se trouvent des scènes d'amour, et l'amour amène une conclusion que l'ambition voulait retarder. C'est que de toutes les passions humaines, l'amour est la plus forte. Princes, ministres, grands seigneurs, magistrats, bourgeois, populaire, toutes les classes défilent devant le lecteur, et de ce contraste perpétuel naît un intérêt qui doit assurer le succès de l'ouvrage.

Imprimerie de P.-A. BOURDIER et Cie, 30, rue Mazarine.

CHAPITRE PREMIER.

A la Recherche d'une femme.

On a sans doute deviné que ces mille francs provenaient de René de Verdières.

On ne s'est pas trompé.

Après les premiers soins nécessités par son changement subit de position, il avait pensé à la jeune fille que la mort de Bertholet laissait dénuée de ressources; et, sans chercher à la connaître, il lui avait fait parvenir, sous le couvert de l'anonyme, ce billet de banque qui avait excité en elle une répugnance instinctive.

C'était là certainement une bien faible compensation au coup dont elle avait été frappé; René le comprenait intérieurement. Mais une plus forte somme eût éveillé les soupçons et déterminé peut-être une enquête.

Déjà il avait eu beaucoup de peine à changer ses premiers louis, dont l'effigie ancienne et depuis longtemps disparue de la circulation surprenait par son admirable netteté. Le changeur le regarda avec des yeux de lynx, car son costume, si l'on s'en souvient, jurait avec de telles épargnes.

Décidé à attribuer sa fortune à un héritage, René s'empressa de revêtir le deuil.

Il loua un appartement sévère au Marais, et ne prit avec lui qu'un domestique âgé.

Ne fréquentant presque personne à Paris, il put facilement échapper aux malveillantes observations.

Ces précautions et beaucoup d'autres l'absorbèrent pendant quelque temps, et l'empêchèrent de goûter d'abord tout le bonheur qu'il s'était promis. Depuis le soir où la fatalité victorieuse lui avait dit: —. Tu seras riche! — il avait vieilli de plusieurs années. Aux jours dévorés d'inquiétudes succédèrent des nuits sans sommeil, acquises exclusivement aux tortures classiques du remords.

Pendant ces moments-là, les honnêtes exhortations de Bertholet se retraçaient à son souvenir.

Il revoyait, telle qu'elle s'était passée, l'effrayante scène du belvédère; il assistait de nouveau à la chute imprévue du maçon...

Mais ce qui, dans ce tableau, l'impressionnait le plus, et ce qui était pour lui un perpétuel sujet de méditations anxieuses, c'était ce cri parti derrière lui au moment de la catastrophe, — ce cri qu'il se rappelait parfaitement avoir entendu.

Voilà ce qui préoccupait surtout René, et ce qui retardait les jouissances espérées.

Qui pouvait avoir poussé ce cri? et pourquoi celui qui l'avait poussé ne s'était-il ni montré alors, ni manifesté depuis?

Quel était ce témoin mystérieux et désintéressé?

Sous une une pareille obsession, René finit par être convaincu que la vie lui serait impossible à Paris, et il résolut de passer à l'étranger aussitôt qu'il aurait organisé sa situation.

Avant tout, il voulait accomplir un devoir qu'il regardait comme impérieux.

Il voulait retrouver cette jeune ouvrière blonde qui l'avait secouru dans sa détresse, et à qui il n'avait pas même songé à demander son nom de famille.

Si quelque chose était capable, sinon

d'absoudre René, du moins d'atténuer ses fautes, c'était cette persistance dans la gratitude, c'était la force de cet amour, né dans la misère, accru dans l'opulence.

Plusieurs matins de suite, il se rendit sur le chemin qu'elle avait l'habitude de parcourir pour se rendre à son atelier; mais ce fut inutilement.

Il ne lui restait qu'un moyen de se renseigner, et il se décida à l'employer après quelques hésitations. C'était d'aller trouver Hortense Jorry, la fille du libraire du quai des Augustins.

— Elle est l'amie de Claire, peut-être ne se refusera-t-elle pas à devenir la confidente de mon amour, pensa René.

Malgré cela, il éprouvait, sans pouvoir en définir la cause, un certain éloignement pour Hortense.

Cet éloignement était d'autant plus étrange, qu'il n'avait jamais reçu d'elle que de bons offices et de sympathiques prévenances.

Mais cette tête brune et triste, ces yeux interrogateurs, cette bouche rarement ouverte au sourire, gênaient René, qui s'était habitué à considérer la femme comme une création toute de charme.

Cependant, il imposa silence à ses préventions, et il se fit conduire sur le quai des Augustins. Il descendit de voiture à quelque distance de cette boutique où le rouge de l'humiliation avait si souvent coloré ses joues, et où sa vanité comptait prendre une légère revanche aujourd'hui.

Hortense était précisément seule, assise comme toujours à ce même comptoir où sa vie s'écoulait dans un obscur ennui.

Elle ne témoigna point, à l'aspect de René, l'étonnement auquel celui-ci s'était attendu.

Seulement elle pâlit, ce qui était sa façon de trahir son émotion.

— Mademoiselle, lui dit-il, vous avez daigné vous intéresser à mon infortune, peut-être n'apprendrez-vous pas indifféremment le changement qui est survenu dans ma position.

— Un changement, monsieur René?

— J'ai hérité d'un de mes oncles, décédé en Russie.

— Ce sont là de ces événements sur lesquels il convient de ne féliciter personne, répondit Hortense.

— Vous dites vrai; aussi je ne viens point chercher de félicitations. Je suis le premier à déplorer la cause de ma fortune.

— Cet oncle, reprit-elle en regardant fixément René, n'est-ce pas le même dont vous entreteniez ici le docteur Anselme, lors de votre dernière visite ?

— Oui, mademoiselle, le comte de Plougastel. Je ne me doutais pas alors que j'exprimais mes inquiétudes à son égard, que j'aurais bientôt le chagrin d'apprendre sa mort. C'est de lui que je porte le deuil.

— De lui seul ?

René de Verdières fit un mouvement à cette question, adressée avec un accent touchant et froid.

— De lui seul, répondit-il profondément surpris.

— Sans doute, vous vous disposez à quitter la France ?

— Quitter la France.... et pourquoi cela mademoiselle ?

— Ne comptez-vous pas aller en Russie pour recueillir les biens du comte de Plougastel.

— Sa fortune était liquide.

— Ah ! fit Hortense.

Et elle se tut.

La conversation était embarrassante pour René. Il ne savait comment arriver à son but.

Ce fut Hortense qui l'y amena.

Elle reprit au bout de quelques instants.

— Ainsi, vous voilà riche, à présent?

— Oui, mademoiselle.

— Et sans doute heureux?

— Pas tout à fait encore, dit René en essayant de sourire ; la richesse de même que la pauvreté, exige un apprentissage.

— Je devine : votre bonheur vous pèse, et vous voudriez le partager.

— C'est cela.

— Un tel projet sera facile à réaliser. Votre position actuelle supprime bien des obstacles, et... vous pouvez aspirer à un brillant mariage.

— Oh ! mes prétentions sont infiniment modestes.

— Cela fait l'éloge de votre cœur.

— Celle qui a bien voulu jeter les yeux sur moi lorsque je n'étais rien, celle-là a droit à toute ma reconnaissance, et je ne croirai point m'acquitter envers elle en lui offrant mon nom.

Votre choix est donc fait?

Oui, mademoiselle.

La voix d'Hortense avait graduellement perdu ses intonations mordantes.

Son regard inquiet semblait maintenant vouloir lire dans l'âme de René et devancer ses réponses.

— Excusez une curiosité qui est commune à toutes les femmes, dit-elle; cette personne... est-elle jolie?

— Elle est belle, mais sa beauté disparaîtrait aujourd'hui que je l'aimerais encore.

— C'est bien; je me plais à croire qu'elle mérite un amour si vrai.

— Vous savez autant que moi combien elle en est digne, ajouta René.

— Comment cela ?

— Vous la connaissez, dit-il en hésitant.

— Je la connais !

— Elle est votre amie, du moins, c'est ici que je l'ai rencontrée.

— Expliquez-vous mieux, murmura

Hortense, rendue à tous les aiguillons de la jalousie; son nom?

— Claire.

— Claire!...

René se méprit sur le sentiment de stupeur qui avait fait répéter ce nom à Hortense.

— Ne rêvez-vous pas? lui demanda-t-elle, en le regaardant en face; avez-vous votre bon sens? Est-ce bien Claire que vous avez dit? Claire?

— Oui, elle est ouvrière, et...

— Mais vous ne savez donc pas!

Elle s'arrêta court, les yeux dilatés par l'effroi.

— Je ne lui sais pas d'autre nom, répondit-il.

René se serait sans doute aperçu de l'émotion extraordinaire d'Hortense, si un chaland ne fût entré en ce moment dans la boutique et n'eût détourné son attention.

La fille du libraire se leva, et eut la force de maîtriser ses sensations pour vendre un exemplaire de l'*Art d'aimer*.

Lorsqu'elle revint s'asseoir, un calme trompeur régnait sur son visage.

Ce fut elle qui reprit la conversation.

— Ah! c'est Claire que vous voulez épouser? dit-elle lentement et profondément.

— N'approuvez-vous pas mon choix?

— Si... oh! si.

— Tant mieux, car vous ne sauriez vous imaginer à quel point j'estime votre opinion. Les bontés que vous avez eues pour moi donnent tant de prix à vos conseils !

— Je vous sais gré d'avoir pensé à me consulter. Mais revenons à Claire. Vous ne connaissez pas sa famille?

— Non.

— C'est bizarre ! se dit Hortense à elle-même, avec une expression qui frappa René.

— Bizarre ! pourquoi?

— Je vous le dirai plus tard. Auparavant racontez-moi les circononstances qui ont précédé et accompagné votre amour pour Claire... pour mon amie.

— Volontiers, dit René.

Il commença ce récit avec simplicité, ne déguisa rien, et termina de la manière suivante :

— Elle ne m'a donné aucun moyen de la retrouver; elle s'est envolée d'ici au moment où j'allais lui demander à quelle porte il me faudrait frapper pour lui apporter le bonheur. Dans cette ignorance, je suis venu à vous, mademoiselle. Un instant, j'ai pu craindre vos observations : il se pouvait que cette aventure ne vous parût pas être de celles qui engagent la vie d'un homme; il se pouvait que cette résolution ne fût jugée par vous que comme le fruit d'un cerveau romanesque. Mais, dans ce cas, voici qu'elle eût été ma réponse. Je n'ai eu d'énergie et de volonté qu'à dater de cet engagement; pour m'élever et faire partager mon élévation à Claire, j'étais prêt à embrasser toute carrière, à accepter tout labeur; j'avais déjà mis sous les pieds ce farouche amour-propre qui me faisait préférer la misère indépe[ndante à] l'assujetissement salarié. C'était un premier pas, un premier triomphe sur ma nature, il eût été suivi de beaucoup d'autres; je n'en doute pas. Un hasard, un héritage inespéré m'a dispensé de cette lutte, mais rien n'a pu me faire perdre le souvenir de Claire.

Hortense avait écouté avec une sombre avidité.

— Les voies de Dieu sont mystérieuses, murmura-t-elle enfin.

S'adressant ensuite à René :

— Vous ne vous doutez pas de qui elle est la fille !

— De quelque artisan, je suppose.

— Oui... d'un artisan...

— D'ailleurs, je vous le répète, sa naissance m'est indifférente.

— Pas autant que vous croyez, peut-être, dit Hortense.

— Ne m'avez-vous pas assuré tout à l'heure qu'elle était digne de mon choix ?

— En effet ; et puisque votre intention bien arrêtée est d'en faire votre femme, comptez sur moi pour vous servir.

— Que ne vous devrai-je pas ! s'écria René.

— Revenez ici demain : Claire y sera.

— Demain ?

— A la même heure.

— Oh! merci, merci!... Mais qu'avez-vous? on dirait que vous souffrez, mademoiselle.

— Non, répondit-elle en posant la main sur son cœur, comme pour imposer silence à ses battements.

En ce moment, le bouquiniste Jorry rentra.

Sa présence opéra une diversion nécessaire à cet entretien, trop pénible pour Hortense.

Jorry ployait sous une multitude de livres attachés par une courroie.

Hortense alla vers lui, autant pour cacher son trouble que pour l'aider à se débarrasser de ce fardeau.

— Voyez comme vous êtes en nage, lui dit-elle. Pourquoi n'avoir pas pris un commissionnaire ?

— Un commissionnaire! pour manger tout le bénéfice d'avance, n'est-ce pas? je reconnais bien là ta prodigalité habituelle.

Il n'avait pas d'abord reconnu René de Verdières dans ce client irréprochablement vêtu.

Sur les signes de sa fille, il se retourna.

— Qui ai-je l'honneur de saluer demanda-t-il.

Et s'approchant davantage :

— Eh ! c'est monsieur René !

— Monsieur René qui est devenu millionnaire, ajouta Hortense.

— Millionnaire ! s'écria Jorry, qui laissa tomber un Brantôme.

— On exagère un peu, dit René en souriant.

— Ce cher monsieur René... moi qui demandais si souvent de vos nouvelles à ma fille ! savez-vous que c'est mal de négliger ainsi vos amis, vos vrais amis. Comme vous êtes beau sous cet habit neuf... Ciel ! vous vous êtes frotté à mes bouquins; là au coude, vous avez de la poussière. Hortense, fais-moi passer la brosse.

— Oh! monsieur Jorry!

— Je veux essuyer cela

— Votre bonté va trop loin; je ne permettrai pas...

— Ma fille, donne-moi donc la brosse!

— La voici, mon père.

— Monsieur Jory, je vous remercie.

— Dieu ! est-ce du beau drap !... ma foi, votre fortune est arrivé au bon moment.

— Je l'avoue, dit René.

— A ce propos, laissez-moi vous faire tous les reproches que vous méritez.

— Des reproches, monsieur Jorry?

— Quoi ! vous étiez dans la gêne, et vous n'avez jamais songé à m'emprunter de l'argent? C'est mal, fort mal. Ce munque de confiance m'a plusieurs fois blessé, je peux vous le dire aujourd'hui. Peut-être même avez-vous pu vous apercevoir de mon mécontentement dans vos dernières visites, hein?

— Non, monsieur, non.

— J'étais outré contre vous; j'en parlais chaque soir à ma fille. N'est-ce pas, Hortense?

Hortense ne répondit pas.

— Comment! continua Jorry, vous, un jeune homme si bien élevé, si instruit, plutôt que de m'emprunter une centaine de francs, vous avez préféré aller travailler aux démolitions du Carrousel !

— Ah ! vous m'avez connu à ce dernier degré?... balbutia René en feuilletant un livre pour ne pas laisser voir la pâleur de son visage.

— Vous savez bien, dans la rue du Musée... J'étais monté chez des gueux qui m'avaient escroqué une caisse d'eau de Cologne. Vous êtes arrivé vêtu en ouvrier.

— Oui... en effet...

— Je vous vois encore, avec votre pioche et vos vêtements abîmés de plâtre. Dieu du ciel ! avoir été réduit à casser des pierres ! Vous ne m'avez donc pas reconnu ?

— Non... je...

— Pour moi, cela m'a causé tant d'étonnement que que je n'ai pas eu la présence d'esprit de vous emmener. Ne m'en veuillez pas, je vous en conjure. Ma fille ne voulait pas me croire lorsque je lui ai raconté cela ; elle me soutenait que c'était impossible ; et pour se convaincre, elle est allée...

Hortense l'interrompit soudain.

— Mon père, ne craignez-vous pas que ce souvenir ne soit peut-être désagréable à M. René ?

Elle n'avait pas cessé d'épier la physionomie du jeune homme.

— Tu as raison, dit Jorry ; puisque les mauvais temps sont passés, n'en parlons plus.

Mais, se ravisant tout à coup, il s'écria en se frappant le front :

— Parbleu ! c'était le jour même de la mort de ce pauvre Bartholet !

René chancela.

— Quant à celui-ci, je lui avais prédit ce qui lui est arrivé.

— Mon père, ces choses sont étrangères, et par conséquent indifférentes à M. René, dit Hortense.

— C'est vrai, c'est vrai. Ah çà ! j'y

pense, mon jeune millionnaire : vous avez besoin d'une bibliothèque?

— Oui, monsieur Jorry.

— Permettez-moi de vous composer cela; il vous faut quelque chose de complet; fiez-vous à moi.

— J'aurai grand plaisir à tenir de vous cette partie de mon mobilier.

Sur ces mots, René de Verdières, qui cherchait depuis quelque temps à prendre congé, salua le père et la fille, et se dirigea d'un pas mal assuré vers la porte.

— A demain, monsieur René, lui dit Hortense avec un accent particulier.

— Oui, mademoiselle, à demain, répondit-il.

Le libraire voulut absolument escorter son client jusqu'au bas du Pont-Neuf.

CHAPITRE DEUXIÈME.

II.

La demande en mariage.

— Tu m'as fait appeler? dit Claire, le lendemain matin, en entrant chez la fille du bouquiniste.

— Oui, répondit Hortense, en s'efforçant de se composer une figure souriante.

— Tu as bien fait, car, dans mon apathie, j'oublie mes amies les meilleures; je n'ai de pensée et de souvenir que pour mon pauvre père.

— Comme tu es pâlie! dit Hortense en l'examinant avec attention.

Il semblait en effet que les jeunes filles eussent changé de physionomie.

Sous la robe noire qui l'emprisonnait

jusqu'au cou, Claire avait perdu toute vivacité et tout enjouement.

Une animation inaccoutumée donnait, au contraire, au visage d'Hortense une jeunesse nouvelle et un éclat nouveau.

Pour la première fois de sa vie peut-être, elle s'était habillée en rose; et les détails de son ajustement décelaient des velléités de coquetterie.

Claire, malgré son abattement, ne put s'empêcher de lui en faire la remarque.

— C'est que j'attends une visite, dit Hortense.

— Une visite?

— Qui t'intéresse autant que moi.

— Que veux-tu dire?

— Je veux dire, reprit Hortense, moitié sérieuse, moitié badine, que tu as manqué de confiance avec moi, et que mon intention est de t'en punir aujourd'hui.

— Sois moins énigmatique, dit Claire.

— Tu ne te souviens donc plus de notre dernière causerie, il y a trois semaines?

— Je m'en souviens; mais quel rapport?...

— Tu m'avais parlé d'un jeune homme amoureux et malheureux.

— Hortense!

Claire rougit considérablement.

— Seulement, tu avais oublié de me

le faire connaître, ou du moins de m'apprendre son nom.

— Mais je ne le savais pas, alors; et même encore aujourd'hui je ne sais que son prénom.

—Réné, n'est-ce pas ?

—Oui, murmura Claire.

— Eh bien ! je suis plus avancée que toi, et je peux te dire comment il s'appelle. Il s'ppelle René de Verlières.

— Ah! il est noble? prononça Claire avec une expression de tristesse.

— Noble et riche.

— Riche! ce n'est pas le même.

— Si répondit Hortense, un héritage vient de le rendre possesseur d'une magnifique fortune.

— Est-ce possible?

— Je l'ai appris de sa bouche.

— Tu l'as donc vu?

— Hier.

En rencontrant le regard d'Hortense, Claire se sentit inquiète.

— Lui, riche! dit-elle.

— Cela te surprend comme cela m'a surpris, n'est-il pas vrai? Passer tout à coup de l'extrême dénûment à l'opulence radieuse, quel rêve! Hier, manquant de pain peut-être...

Claire tressaillit à un ressouvenir poignant.

— Et aujourd'hui, continua Hortense, aujourd'hui promené dans une voiture aux portières de laquelle brille son blason redoré!

— Pourquoi me parles-tu de ce jeune homme! dit Claire avec effort; je l'ai oublié, j'ai dû l'oublier. La mort de mon père a exclu de mon cœur tout sentiment. D'ailleurs, M. René n'était pas fait pour une pauvre fille comme moi. Il est riche maintenant; tant mieux, c'est que sans doute il a mérité de le devenir. Moi aussi, j'avais fait un rêve...

Elle s'arrêta brusquement.

Puis, mettant sa main dans celle d'Hortense :

— Parlons d'autre chose, je t'en prie, les larmes me font trop de mal.

Hortense ne la quittait pas des yeux ; elle mettait une joie cruelle dans cet examen.

— Parlons de la visite que tu attends, reprit Claire.

— Eh mais ! c'est ce que je fais depuis un quart d'heure.

— Quoi! la personne qui va venir...

— Tiens, regarde !

La porte du magasin s'ouvrait.

René de Verdières entra, accompagné du docteur Anselmo.

La présence de ce dernier, donnait une sorte de solennité à la scène qui allait avoir lieu.

— Ma jeune protégée ! dit le docteur avec surprise en apercevant Claire.

— Vous la connaissez donc ? s'écria René.

— Elle ! c'est presque ma fille.

— Alors, docteur, dit René après un moment de silence, permettez-moi de vous demander sa main.

En entendant ces paroles, prononcées avec une émotion grave, Claire cacha sa rougeur dans le sein d'Hortense, qui, de son côté, pâlissait et semblait prête à défaillir.

— Il m'a tout raconté, dit le docteur,

qui s'approcha de Claire ; mais vous, pourquoi m'avoir caché ce beau petit roman ?

— C'est que je n'y croyais pas moi-même, répondit-elle.

— Chers enfants ! votre bonheur sera la dernière joie de ma vieillesse.

— Docteur, balbutia Claire, une trop grande distance me sépare de M. René. C'est sa générosité... qui lui dicte un pareil mouvement ; ce ne peut pas être sa raison.

— Claire, ne me refusez pas dit René; je ne vous ai pas refusé, moi.

— Avez-vous réfléchi aux reproches que vous vaudra une semblable mésaillance dans le monde où vous êtes appelé desormais?

— Ce monde, je n'ai à lui soumettre aucune de mes actions; je suis libre.

— René est orphelin, ajouta le docteur.

— Ah ! s'écria Claire, frappée par ce nouveau lien de sympathie.

Et ses yeux plus attendris se levèrent sur le jeune homme.

Hortense était livide.

— Allons, n'hésite plus, dit elle à Claire ; l'orphelin peut bien épouser l'orpheline ; Claire Bertholet peut bien devenir la femme de M. René de Verdières.

René crut avoir mal entendu.

—Claire... Bertholet? demanda-t-il à demi-voix au docteur.

— Oui ; son père était ce malheureux ouvrier dont vous avez peut-être appris la mort ; il travaillait aux démolitions d'une petite rue voisine de la place du Carrousel ; il est tombé d'un...

Le docteur Anselmo n'acheva pas, car il s'aperçut que René venait de s'affaisser sur une chaise.

—Qu'avez-vous, grand Dieu!

Il était évanoui.

Clair se leva et accourut précipitamment.

Hortense demeura à son comptoir.

— C'est un étourdissement, murmura le docteur ; le manque d'air peut-être.... Il tira quelques sels de son habit et les fit respirer à René.

Les premières paroles que celui-ci articula en revenant à lui :

— Bertholet,.. la fille à Bertholet !

— La mort de votre père l'aura impressionné trop vivement, dit le docteur en se retournant vers Claire.

— Croyez-vous?

— Monsieur Anselme a raison, dit Hortense d'une voix calme, mais où perçait une pointe ironique.

Cette voix produisit un effet singulier sur René.

Il se redresa tout à coup, et d'un air égaré :

— Partons ! dit-il au docteur en lui serrant le bras; partons !

— Soit ; votre voiture est au coin de la rue, je vais la faire avancer.

— Non, le grand air me fera du bien !

—Mais dans l'état où vous êtes...

— Partons tout de suite ! dit René en entraînant convulsivement le docteur...

CHAPITRE TROISIÈME

III.

La demande en mariage (*Suite*).

Les deux jeunes filles étaient restées seules dans le magasin.

— M. René ne m'a rien dit en nous

quittant, murmura Claire ; qu'est-ce que cela signifie ? Je suis toute effrayée ; et toi ?

— Moi, répondit Hortense, je suis moins étonnée que toi, car j'ai toujours remarqué chez ce jeune homme une certaine exaltation d'esprit qu'il doit sans doute à ses lectures.

— Tu croirais...

— Je ne crois rien ; mais comment expliquer ce qui vient de se passer ! Pourquoi ce saisissement en entendant le nom de ton père ?

— Je ne sais qu'imaginer; en effet.

Nous ne suivrons pas Claire à travers toutes les incertitudes où la plongea cet incident. Après avoir éprouvé dans cette matinée les alternatives les plus aigues de la douleur et de la félicité, elle se retira en proie aux inquiétudes les plus désespérantes et aux suppositions les plus mystérieuses.

Elle se dirigea au hasard vers le jardin des Tuileries et de là dans les Champs-Elysées, où nous la retrouverons tout à l'heure.

En attendant, nous croyons nécessaire

de faire assister nos lecteurs au dialogue suivant, entre le bouquiniste Jorry et sa fille.

Jorry avait trouvé Hortense pensive et sombre.

Il lui adressa quelques questions auxquelles elle ne répondit point d'abord.

— Je parie, lui dit-il, que ta préoccupation vient de cette petite évaporée de Claire, que j'ai rencontrée marchant comme une folle le long des quais. Elle ne m'a pas seulement reconnu. Hortense, méfie-toi de cette jeune fille; à présent qu'elle est orpheline, prends garde qu'elle ne t'emprunte de l'argent.

Hortense continua à demeurer immobile et muette.

— Ma fille, je te parle !

Jorry, effrayé, s'approcha d'elle. Il lui prit la main en répétant :

— Hortense !

— Mon père ? fit-elle, comme si on l'eût arrachée au sommeil.

—Eh bien ! mais qu'as-tu donc ? à quoi penses-tu ?

— Je pense à René, répondit-elle machinalement.

— A M. de Verdières, veux-tu dire ?

— Non, à René.

— Tu parle bien familièrement de ce jeune et fastueux gentilhomme.

— Mon père, vous savez que je l'aime, dit-elle avec un accent décidé.

— Je m'en suis aperçu, en effet, je me souviens même que je voyais autrefois d'un très mauvais œil cette amourette, car alors monsieur de Verdières était bien pauvre. Je me demandais avec étonnement comment tu avais pu t'éprendre de cette figure d'hôpital.

— Mon père, je ne puis vous parler de ce que je souffre; vous ne sauriez me comprendre.

— Mais si !

— J'aime René plus que jamais.

—Parbleu! tu aimes un millionnaire. Moi aussi, je l'aime. Je voudrais bien savoir qui ne l'aimerait pas!

— Ce n'est pas sa fortune que je convoite, dit Hortense.

— Bien entendu! mais enfin elle existe, et cela justifie le penchant qui te porte vers ce bibliophile relié à neuf. Seulement, permets une question à ma prudence paternelle.

— Laquelle, mon père!

— Te paie-t-il de retour, comme on dit dans mes livres?

Hortense ne répondit pas, et ses yeux restèrent fixés en terre d'un air farouche.

— Hum! fit le bouquiniste; sait-il au moins que tu l'aimes?

— Il ne s'en doute même pas, répondit-elle.

— Alors, ma pauvre fille, je ne vois guère où peut te mener une semblable passion. C'est à la raison à te dicter ta conduite dans cette circonstance. Il est évident qu'il faut que tu renonces à M. de Verdières.

— Jamais !

— Que comptes-tu faire dans ce cas ? demanda Jorry.

— Le forcer à ouvrir les yeux, lui imposer son bonheur.

— C'est difficile.

— J'ai des moyens infaillibles pour arriver à mon but.

Jorry la regarda avec stupéfaction.

— Ma chère enfant, tu m'inquiètes, lui dit-il; je trouve dans ton regard une fixité extraordinaire.

— Ne vous ai-je pas prévenu que vous ne sauriez pas me comprendre ?

— D'accord; mais quelle influence peux-tu avoir sur la volonté de ce jeune seigneur?

— C'est mon secret.

Jorry haussa les épaules.

— Avec sa fortune et son titre, dit-il, M. de Verdières ne peut manquer d'épouser quelque jeune personne riche et noble comme lui.

— Non, mon père.

— Ou quelque héritière du monde industriel ou financier, affolée d'aristocratie.

— Pas davantage.

— Qui épousera-t-il donc alors? demanda le libraire.

— Moi!

CHAPITRE QUATRIÈME.

IV.

Un Concert dans les Champs-Elysées.

Claire Bertholet avait pris la route des Champs-Élysées.

Elle marchait au hasard, uniquement

pour calmer les agitations de son esprit.

Comme c'était l'heure de la promenade, elle avait gagné les côtés qui regardent la Seine, et qui ne sont guère fréquentés que par les joueurs de boule.

Dans une allée à peu près déserte, elle s'arrêta et s'assit.

Dix minutes s'étaient à peine écoulées, lorsqu'elle aperçut à travers les arbres un couple dont les bizarres allures attirèrent son attention.

Un homme coiffé d'un chapeau bleu

et une femme aux vêtements fanés portaient deux petits berceaux et semblaient chercher un emplacement pour les y déposer.

L'homme avait, en outre, sous le bras plusieurs cahiers de musique.

— Colomba, disait-il, tu crois donc décidément que le grand air est favorable à mes études vocales?

— J'en suis convaincue, mon ami.

— J'avoue que le succès le plus complet a couronné mes précédentes expériences; mais ne crains-tu pas que les passants ne me prennent encore pour un chanteur ambulant et ne salarient de nouveau un exercice qui n'est fait que pour charmer ton oreille?

— Où serait le grand mal? dit la femme, ton dernier concert, à ce même endroit, nous a rapporté près de vingt francs.

— C'est vrai, et je ne sais vraiment comment cela s'est fait. J'avais posé mon chapeau par terre pour donner plus aisément l'essor à mes moyens; on a profité de ma distraction habituelle pour le remplir de sequins et de ducats.

— Il y avait même une pièce de quarante sous.

— Crois-tu ?

— Je l'ai changée hier chez la rôtisseuse.

— Je men rapporte à toi. Dans tous les cas, il était trop tard pour faire revenir de sa méprise mon auditoire improvisé; j'ai dû encourir la peine de mon étourderie. Même je me souviens d'en avoir ri d'assez bon cœur, le soir, avec toi. A bien y réfléchir, d'ailleurs, il n'y a rien de positivement offensant dans ces manifestations monnayées d'un public idolâtre. En Angleterre et aux États-Unis, l'enthousiasme ne se produit jamais que sous la forme d'une pluie de guinées ; on a vu des amateurs pousser le délire jusqu'à lancer à la tête des artistes leur montre, leur tabatière et les notes de leurs tailleurs.

— Aussi ne t'ai-je pas blâmé d'avoir eu recours à cette ressource extrême ; au contraire. Rappelle-toi, Magloire, combien notre position était désespérée au sortir de cette maison de la rue du Musée ? Nous étions sans asile.

— Être sans asile, c'est le comble du beau idéal pour les gens de génie.

— Tu cédas pourtant à mes instances, dit Colomba.

— En effet. Tu désirais, je crois, un logement, une table servie, les mille superfluités de la vie ordinaire. Je t'écoutais en souriant. Et comme, sur ces entrefaites, tu en vins à me rappeler la beauté de ma voix, je consentis à laisser échapper quelques sons, oubliant, dans mon dilettantisme, que j'étais sur la place publique. Plusieurs personnes s'arrêtèrent par hasard, murmurant des paroles flatteuses. Colomba, j'ai toujours été sensible à la louange populaire. Et puis, jusqu'alors (par excès de modestie sans doute), je n'avais cru que faiblement à mon mérite; ce succès inattendu m'encouragea; ce fut pour moi une révélation; je me prêtai incognito et avec bienveillance aux désirs d'une foule empressée. Ce fut une faiblesse, soit; mais elle n'est pas sans exemple dans les annales de l'aristocratie. Parmi les personnes qui briguèrent les applaudissements du peuple, on cite Néron et le duc de Candia.

— Tu vois bien !

— Je ne te cacherai pas néanmoins, chère amie, qu'une autorisation de Thémis me semble indispensable.

— Bah ! nous sommes toujours à temps d'aller la demander.

— Je te vois venir, fille d'Ève ! Tu veux, une fois de plus, que je te fasse entendre une de ces mélodies russes qui ont bercé ton enfance ?

— Oui, Magloire.

— Je conçois ce vif sentiment de ta nationalité, et je souscris à ton vœu. Mais cette allée est-elle suffisamment déserte ?

— Oh ! oui.

— Dans ce cas, dispose les berceaux et gonfle nos enfants.

Colomba apporta toute la célérité désirable dans l'exécution de cet ordre. En deux ou trois bouffées vigoureuses, la famille factice se vit reconstituée très-grassement.

— Qu'est-ce que tu veux que je soupire? demanda-t-il.

— Eh bien ! redis-moi ce chant, dont tu excelles à reproduire la suavité : les *Amants de Nesamaïkof.*

— Je commence.

Cette fois encore, le chapeau bleu fut déposé à terre, toujours par distraction.

Le comte de Plougastel, après avoir

promené ses regards autour de lui, ouvrit une bouche énorme et livra aux échos des Champs-Élysées des accents qu'ils n'avaient pas répercutés depuis l'invasion de 1815.

Il chantait la touchante légende des *Amants de Nesamaïkof*.

Lorsque nous aurons reproduit quelques lignes de cette légende, on comprendra l'affluence de curieux qui ne tarda pas à se produire autour du comte de Plougastel.

Voici quel était le début de ce chant d'amour, traduit mot à mot :

Les Amants de Nesamaïcof.

« Il y aura, ce soir, plus d'une veuve à Gloutkoff, Némiroff, Stéblikoff, Tchernigoff et autres villes ; car les Polonais se sont mis en tête d'exterminer tous les *Kourèni* des bords du Dniéper.

» L'hetman Tchénitchenko et son vieux compagnon d'armes Zakroutygouba sont à la tête des Cosaques de Nesamaïkof.

» Deux *iesaoul* généraux, Golokopitenko et Koukoubenko, et le *bountchoug* Deglarenko viennent à la suite de l'hetman.

» Huit *polcovnics* conduisent des *polos* de six mille hommes; ce sont : Vertichvist, Boulbenko, Pokotipolé, Zadorojny, Pisarenko, Vovtousenko, Sydorenko, Métélitza.... »

Nous n'irons pas plus loin dans notre citation.

Il nous suffit d'avoir indiqué le caractère et l'harmonie imitative de ce morceau.

Des cailloux que l'on brise où le bruit d'un tonnerre de théâtre qu'on roule dans la coulisse peuvent donner une idée de la méthode du comte de Plougastel.

L'étrangeté de ce chant avait, en quelques minutes, attiré une foule sans cesse grossissante.

— C'est un des premiers chanteurs de Saint-Pétersbourg, disait-on ; il aura déplu au czar et le voilà exilé.

Les deux berceaux avaient aussi leur part de sympathies; on s'ingéniait à vouloir découvrir la figure des nourrissons sous les lambeaux de tenture hermétiquement clos.

Tout cela, jusqu'à l'attitude résignée et douce de Colomba, impressionnait favorablement les auditeurs.

Les centimes, les décimes et même les petites pièces blanches pleuvaient dans le chapeau de peluche bleu-de-roi.

Le comte de Plougastel semblait n'y prendre pas garde, et continuait avec une bonne grâce qui approchait de l'héroïsme.

— Toutefois, au bout de trois quarts d'heures environ, un picotement de larynx, accompagné de quelques *couacs*, lui donna à comprendre qu'il était temps de suspendre ce qu'il appelait ses études.

Il daigna saluer son public; après quoi il lui tourna le dos.

— Es-tu contente? dit-il à sa femme.

— Il faut que je t'embrasse! s'écria celle-ci en lui sautant au cou.

Devant cette scène d'intimité, la foule s'écoula.

Les cinq ou six derniers gamins furent très-longs à déraciner.

Ils ne se retirèrent que les uns après les autres, et lorsque Colomba eut enveloppé la recette dans un mouchoir.

Restait Claire, qui, demeurée assise à quelques pas, avait été la plus attentive à ce concert en plein vent. En ce moment même, et quoique *les chants eussent cessé*, ses yeux étaient encore fixés obstinément sur le comte de Plougastel.

Elle était frappée d'une ressemblance avec René de Verdières, ressemblance qui ne surprendra qu'à demi nos lecteurs.

— Bien que cet examen eût quelque chose de flatteur pour celui qui en était l'objet, néanmoins M. de Plougastel finit par en concevoir de l'inquiétude. Il murmura quelques mots à l'oreille de Colomba, et tous deux s'empressèrent de plier bagage.

Mais, sur ces entrefaites, Claire s'était levée en soupirant.

Elle s'éloigna, non sans se retourner à diverses reprises pour regarder entre les arbres le comte Magloire de Plougastel...

— Mes accens auront séduit cette petite, pensa-t-il ; décidément, c'est une volière de rossignols que j'ai dans le gosier.

Il était seul avec Colomba.

— A combien s'élève la recette? demanda-t-il.

— Tu ne te l'imaginerais jamais!

— Mon chapeau est donc devenu le chapeau de Fortunatus?

— Nous avons fait trente francs.

—Trente francs! C'est un beau chiffre nous pouvons désormais faire insérer une réclame pour mon *Parfum des Almés* dans les grands journaux réunis.

— Et acheter de la charcuterie, ajouta Colomba, qui était radieuse.

— Certainement !

— Quel bonheur, Magloire ! Si je ne me retenais pas, je crois que je danserais.

— Pourquoi te retenir ? veux-tu que je te donne l'exemple moi-même ? dit le comte de Plougastel.

Ils commençaient à gambader tout de bon, lorsqu'un incident vint modérer l'expression de leur joie.

Incident funeste et grotesque !

Dans un de leurs mouvemens, ils renversèrent les deux berceaux, d'où les poupons sortirent, la tête la première, et roulèrent sur le sable.

Le vent s'était levé depuis un instant; il emporta les deux peaux gonflées dans un tourbillon de poussière.

Colomba se précipita.

Elle réussit à s'emparer de l'un des enfans...

Mais celui après lequel courait Magloire semblait avoir pris la clé des champs : il dévorait l'espace, bondissant, sautillant, donnant du front contre les arbres, rasant la terre, cabriolant comme un jeune fou, et ne s'arrêtant jamais.

Vainement Magloire faisait des enjambées pareilles à celles de Micromégas.

Le vent soufflait toujours.

Enfin, las de cette course, le comte de Plougastel exécuta un bond furieux, si furieux qu'il tomba juste sur le ventre de l'enfant.

Une détonation formidable retentit dans cette partie des Champs-Elysées.

Un cri de Colomba y répondit aussitôt.

Elle accourut.

— Malheureuse mère! tu n'as plus qu'un fils! dit M. de Plougastel.

Il lui montra la baudruche crevée.

— Je le raccommoderai, dit Colomba après les premiers instans donnés à une douleur bien légitime.

Il était naturel qu'après cet événement ils ne songeassent plus qu'à regagner leur domicile. C'était un de ces modestes hôtels, comme il y en a tant à Paris, et qui se décorent, par antiphrase, d'enseignes pompeuses, telles que: *Hôtel de Trébizonde, Grand Hôtel d'Athènes, Hôtel César, Hôtel de Périgueux et d'Albion, Hôtel de l'Univers,* etc., etc. Logés aussi à l'étroit qu'on peut le supposer, ils continuaient là leur existence d'expédiens et de rêves. Chaque jour faisait germer une utopie dans le cerveau de M. de Plougastel, pauvre don Quichotte, sans armure, sans cheval et sans lance. Condamné fatalement, par les circonstances autant que par sa propre nature, à s'écarter de la ligne lente et droite, il était le représentant le plus complet de cette race nombreuse de gens propres à tout, condottieri de l'industrie, frélons de l'art, doués d'une bonne volonté hyperbolique, mais cruellement marqués au front de ces trois terribles mots: *pas de chance*.

Notre intention n'est pas de signaler tous ses efforts, de nous mettre sur la trace de toutes ses tentatives. Ce serait vouloir recommencer Cervantes, Lesage, donner un pendant à tous les types de fourbes joyeux, alertes, bruyans, inventifs, nés Italiens et naturalisés Français par Molière.

Nous allons seulement essayer de mettre en lumière l'épisode qui marqua le plus dans cette vie si féconde, et raconter par quelle succession de hasards devait se réaliser la prédiction faite quelques semaines auparavant par le comte de Plougastel à sa femme.

— Colomba, tu te réveilleras riche!

CHAPITRE CINQUIÈME.

V.

M. de Plougastel apprend qu'il est décédé en Russie.

« Un spéculateur connu par son extrême intelligence des affaires, et dont les idées ont déjà fait la fortune de plusieurs capitalistes, désirerait trouver quelqu'un qui lui apportât une somme de dix mille francs.

« Cette somme, destinée à l'exploitation d'un parfum de nouvelle espèce, rapporterait facilement de cent à cent cinquante mille francs au bout de l'année.

« On donnera toutes les garanties désirables.

« Ecrire *franco*, poste restante, aux
» initiales C. M. P. »

Telle était l'annonce qu'à la suite de

son dernier concert le comte de Plougastel avait pu faire insérer, non pas dans les quatre ou cinq grands journaux de Paris, mais dans une modeste feuille d'affiches.

Le lendemain de cette annonce, et pendant les jours qui suivirent, il ne bougea pas du bureau de la poste restante et fatigua les employés de ses demandes réitérées.

Il exigeait qu'on furetât dans toutes les cases, poussait force clameurs d'étonnement, et finissait par accuser l'administration de malveillance et d'incurie.

Deux heures après, — il revenait.

Personne n'écrivit aux initiales C. M. P.; aucun capitaliste ne se laissa tenter par l'appât des cent cinquante mille francs présentés comme infaillibles.

— C'est bizarre, pensait M. de Plougastel; il n'y a plus d'émulation en France, plus d'entraînement!

D'autres fois, il accusait la rédaction de son annonce, et, regrettant sa réserve, il s'en voulait de n'avoir pas porté au chiffre d'un million la certitude des bénéfices.

On suppose bien qu'il n'avait pas manqué d'apporter à Colomba un exemplaire du journal. Elle le relisait un matin pour la vingtième fois, lorsque tout à coup elle poussa une exclamation.

Le comte de Plougastel, qui était occupé au fond de la chambre à chercher de nouvelles formules pour un second article, se retourna en disant :

— Qu'as-tu donc, Colomba?

— Ah! mon ami, quel hasard!

— Voyons, dit-il en se levant.

— Lis ces deux lignes-là...

— Aux *Publications de mariage?* demanda le comte.

— Oui.

« — M. Dalifol, quincaillier, rue de Ménilmontant, et madame veuve Grignard... »

— Plus loin, plus loin.

« — M. René de Verdières, avocat... »

— C'est cela.

« — M. René de Verdières, avocat, rue de Braque, 3, et mademoiselle Claire-Hélène Bertholet, passage Barrois. »

— Eh bien ! c'est ton neveu, c'est notre neveu ! s'écria Colomba.

— Oui, voilà l'orthographe de son nom, murmura Magloire.

— Quel bonheur ! Tes trente mille francs sont retrouvés.

— Quels trente mille francs? demanda-t-il, ahuri.

— Comment! perds-tu la mémoire? Ta part de l'héritage de ta mère.

— Ah! c'est vrai, dit-il en se grattant l'oreille; je n'y songeais déjà plus.

— Il faut que tu te rendes immédiatement chez ce neveu et que tu lui réclames ta fortune.

— Ma fortune? oui.

— Cela nous permettra de vivre à

l'aise, ou du moins de patienter en attendant le résultat de tes entreprises.

— Ne crains-tu pas que ce drôle, appartenant à la chicane, ne me suscite des difficultés, des oppositions? dit le comte un peu embarrassé.

— Oh! tu le juges mal; un neveu !

— Un neveu qui n'a jamais vu son oncle !

— N'importe, il sait que tu existes; il a dû entendre parler de toi.

— Oui, il a dû en entendre parler. Mais les liens de famille sont si relâchés aujourd'hui grace à nos modernes philosophes!

— Tes papiers sont-ils en règle. ?

— Parfaitement en règle.

— Alors que crains-tu ? S'il te refuse, fais-lui un procès.

— Oh! Colomba, un procès au fils de ma sœur! tu es barbare.

— Alors, entre en arrangement avec lui.

— J'aime mieux cela; je l'intéresserai dans le *Parfum des Almés.*

— Mais tu n'as pas de temps à perdre; tu vois qu'il va se marier.

— C'est vrai; et une autre de mes craintes, c'est que le petit fripon ne se mésallie. Il épouse une mademoiselle... mademoiselle Bertholet... Bertholet! voilà un nom qui sonne le peuple.

— C'est probablement un mariage d'amour, dit Colomba.

— J'en causerai avec lui; et, s'il est temps encore, je le ramènerai au respect des traditions nobiliaires. Donne-moi mon chapeau.

— A bientôt, Magloire, dit Colomba, en frappant des mains et sautant dans la chambre.

— La poste est sur mon chemin; j'y entrerai en passant pour savoir s'il est arrivé quelque message aux initiales C.M.P.

La vérité est de dire que si le comte de Plougastel n'avait pas témoigné une joie excessive à la nouvelle de l'existence de ce neveu tant cherché, c'est qu'il appréhendait de se trouver en présence d'un petit avocat sans sou ni maille. Quant à la chimère des trente mille francs, nous avons expliqué qu'elle n'avait été mise en avant par lui que pour complaire aux faiblesses de Colomba et pour endormir ses perpétuelles inquiétudes de l'avenir. Ces deux motifs suffisaient pour empêcher le comte de Plougastel de baser de trop hautes espérances sur une rencontre avec René de Verdières.

Néanmoins, comme il ne laissait jamais passer une occasion sans la saisir au collet, il se rendit rue de Braque, au numéro indiqué par le journal.

C'était un hôtel à grande porte, sur laquelle résonnait majestueusement un de ces énormes marteaux qui étaient œuvre d'artiste autrefois.

Persuadé qu'on allait l'envoyer aux mansardes, il demanda respectueusement au concierge:

— Monsieur de Verdières?

— Au premier étage, lui répondit-on ; à droite et à gauche.

Le comte dressa l'oreille.

Il traversa une cour aux larges pavés brodés d'herbe, monta un escalier, princier et arriva au premier étage.

Il sonna, avec un reste d'incrédulité.

Un valet d'un aspect débonnaire l'accueillit silencieusement.

— Verdière est-il là ? demanda M. de Plougastel d'un ton dégagé.

— Vous dites, monsieur?

— Je demande si Verdières... si René... si ce cher René de Verdières, enfin, est en ce moment chez lui?

Disant cela, il poussait le valet et pénétrait avec lui dans l'antichambre.

Le valet surpris et troublé le laissait faire.

— Qui dois-je annoncer? murmura-t-il.

— Annoncez...

Le comte de Plougastel allait jeter son nom, mais un sentiment du prudence le retint. Il se pouvait qu'on l'eût calomnié auprès de son neveu.

Il répondit :

— Annoncez un membre du bureau de bienfaisance du douzième arrondissement.

Le valet fit quelques pas vers le salon ; mais se frappant le front aussitôt :

— Etourdi que je suis ! dit-il.

— Qu'est-ce que c'est ?

— J'oubliais que M. de Verdières vient de sortir il n'y a qu'un instant.

— Bah ! fit Magloire en se laissant tomber sur un divan.

— Oui, monsieur ; mais vous le trouverez certainement demain, pendant toute la matinée.

— Tiens ! voilà une forte belle épreuve d'Edelinck ; j'ai eu pendant longtemps la même gravure dans mon cabinet.

Le costume du comte de Plougastel n'avait pas d'abord gagné la confiance du domestique; et, maintenant, ses perquisitions à travers l'antichambre, ses manières hardies, et brochant sur l'ensemble, son chapeau bleu-de-roi, tout cela l'inquiétait plus que de raison. Il regrettait d'avoir introduit ce visiteur.

CHAPITRE SIXIÈME.

VI.

M. de Plougastel apprend qu'il est décédé en Russie.
(Suite).

Le comte de Plougastel ne parut pas s'apercevoir de l'impression qu'il produisait.

Il passa une jambe sur l'autre, et se dandinant :

— Comment vous nomme-t-on, mon ami ?

— Joseph.

— Eh bien ! Joseph, dites-moi un peu... comment vit cet excellent Verdères ?

— Monsieur vit comme tous les gens de sa sorte.

— Hum ! pensa Magloire, je suis de

sa sorte et cependant je ne vis pas comme lui, il est donc bien riche ? continua-t-il.

— Monsieur ne connaît pas lui-même le chiffre de sa fortune.

Le comte de Plougastel décroisa les jambes et se mit à réfléchir.

— Savez-vous si M. de Verdières appartient réellement à une famille de la Bretagne ? demanda-t-il au valet.

— De la province de Léon, en Bretagne, oui, monsieur.

— C'est bien lui, dit le comte à demi-voix. On s'enrichit donc beaucoup en plaidant?

— Monsieur ne plaide pas, répondit Joseph.

— Il ne plaide pas. Alors, il spécule?

— Pas davantage. M. de Verdières a une belle fortune, absolument comme il a un beau nom.

Magloire s'efforçait de comprendre.

— Cependant, objecta-t-il, j'ai eu l'avantage de connaître sa famille, elle ne jouissait pas d'un avoir considérable.

— Vous voulez, sans doute, parler de son père et de sa mère?

— Oui.

— Mais son oncle! dit le valet avec un accent de considération.

— Quel oncle?

— Celui qui est mort en Russie.

Magloire se dressa sur ses jambes en une clin d'œil.

— En Russie ? un oncle ? Comment s'appelait-il ?

— M. le comte de Plougastel.

— Hein ?

Il examina attentivement son interlocuteur, afin de s'assurer qu'il ne plaisantait pas.

Ce valait était sérieux.

— Le comte de Plougastel est mort ?

— Il y a quelque temps, oui, monsieur, répondit Joseph.

— Vous m'étonnez prodigieusement!

— Pourquoi donc?

— C'est que... j'ai beaucoup entendu parler de ce Plougastel. C'était un homme de bien.

— Oh! oui, monsieur; le czar l'honorait de sa protection; c'était un de ses plus puissants favoris.

— Vraiment?

— Aussi faut-il voir le respect que M. de Verdières a pour la mémoire de son oncle ; il n'en parle jamais qu'avec attendrissement.

— C'est bien ! murmura Magloire en cherchant un foulard dans sa poche.

— Dame ! c'est tout naturel, puisqu'il lui doit sa richesse.

— Ah ! il lui doit...

— Certainement ; vous ne savez donc rien, vous qui vous dites l'ami de M. de Verdières? vous ignorez que monsieur a hérité récemment de son oncle ?

— Du comte de Plougastel ?

—Du comte de Plougastel.

— Mort en Russie ?

— Mort en Russie ! répéta Joseph.

Cette révélation plongea Magloire dans un dédale d'hypothèses.

Ce qui était le plus clair pour lui, c'est que René avait donné une fausse origine à une fortune trop promptement acquise. L'inventeur du *parfum des Almés* en conclut que son neveu était digne de lui.

Dès lors, sa hardiesse, un instant contenue, se réveilla plus entière que jamais.

il fit trois tours dans l'antichambre soufflant et frappant du talon, comme un homme qui reprend son milieu.

— Où est le salon ? demanda-t-il.

— Là, monsieur, dit le valet intimidé.

— C'est bien.

Magloire tourna la poignée de cristal et se précipita comme une trombe, en refermant la porte sur lui.

Une telle action n'était pas de nature à rassurer le domestique, qui s'élança sur ses pas en s'écriant :

— Monsieur ! monsieur !

— Eh bien ! quoi ?

— Où allez-vous donc ?

— Parbleu ! vous le voyez, mon cher, je vais au salon ; est-ce que vous croyez que je suis fait pour rester dans un vestibule ?

— Mais, monsieur, je vous ai prévenu que M. de Verdières était sorti.

— J'attendrai.

Ayant dit, Magloire continua dans le salon l'inventaire qu'il avait commencé dans l'antichambre.

Les meubles étaient d'une élégance grave; les portières et les rideaux des fenêtres avaient cette pesanteur magnifique qui décèle un vrai sentiment du luxe.

— Allons, tout est pour le mieux,

pensa-t-il, et voilà un neveu qui me fait réellement honneur.

Joseph était demeuré stupéfait.

— Monsieur... dit-il de nouveau.

— Encore vous, mon cher? Vous commencez à devenir fatigant.

— C'est que, monsieur, j'ai mes occupations... et je ne peux rester ici jusqu'à ce soir.

— Eh bien! ne vous gênez pas, Joseph, retournez à l'office ; j'attendrai seul.

— Monsieur ne veut pas me comprendre.

— Je n'y tiens pas, en vérité.

— Mais...

— Seulement, ayez la bonté de me faire servir quelques rafraîchissements.

Joseph ouvrit des yeux effarés.

— Monsieur est probablement étranger, il ignore les usages de Paris.

— Vous êtes curieux. Allez donc et ne répliquez pas!

— Je ne puis obéir qu'aux ordres de mon maître.

— Maraud, je te ferai chasser! dit le comte de Plougastel en élevant la voix.

Cette menace acheva de bouleverser le pauvre serviteur, et il ne savait trop quel parti prendre, lorsqu'un craquement de bottes se fit entendre sur le seuil du salon.

C'était René de Verdières qui rentrait.

— Qu'est-ce donc? demanda-t-il en donnant son chapeau à Joseph.

— C'est monsieur qui s'obstinait à rester ici malgré mes observations.

René regarda M. de Plougastel sans le saluer.

De son côté, M. de Plougastel examinait René, mais avec tous les symptômes de la plus vive sensibilité. Il tournait autour de lui, se plaçait pour le voir tantôt de trois quarts, tantôt d profil; et il levait les mains au ciel.

— Qu'ai-je l'honneur de recevoir? demanda René de Verdières, étonné de cette pantomime.

— Il le demande! s'écria Magloire; ah! il n'a pas besoin de se nommer, lui, pour que je le reconnaisse.

René quittait ses gants avec froideur.

Il ne suspendit pas son opération, attendant une explication plus nette.

—Viens dans mes bras, cher enfant! Viens sur mon cœur! reprit Magloire avec impétuosité.

René recula devant l'accolade.

Mais, tout en reculant, il se demanda où il avait vu ce visage, où il avait entendu cette voix.

—Quoi! tu demeures sourd au cri du sang? dit Magloire en le poursuivant toujours les bras ouverts.

—Sortez, Joseph, dit tranquillement le jeune homme.

Après avoir donné cet ordre, et dès qu'il se vit seul avec son étonnant visiteur, il marcha droit à lui :

—Qui êtes-vous? que me voulez-vous?

—Contemple-moi bien, dit Magloire en se posant.

René frappa du pied à ce tutoiement qui revenait pour la deuxième fois.

— Finissons-en, Monsieur.

—Ma figure ne te rappelle-t-elle pas des traits chéris?

—Il me semble, en effet, que vous ne m'êtes pas tout à fait étranger...

—Je le crois bien!

—Mais il m'est impossible de préciser le lieu et le temps où je vous ai rencontré. Ainsi, épargnez-vous et épargnez-moi de plus longs préliminaires.

—Es-tu fort impressionnable? dit le comte de Plougastel.

—Encore! s'écria René avec impatience.

—Permets! je ne voudrais pas te voir tomber en syncope. Les émotions trop fortes sont à redouter, et ce que j'ai à t'apprendre exige des ménagements.

— Des ménagements?

—Ou des préparations, comme tu voudras.

L'inquiétude commençait à entrer dans l'esprit de René de Verdières.

Il répondit:

—Quelle que soit la nouvelle dont

vous vous êtes fait le porteur, parlez, Monsieur, parlez tout de suite, ou je vous cède la place.

— Dans ce cas, tu serais le contraire de ton domestique, observa facétieusement le comte.

— Pour la dernière fois, qui êtes-vous?

— Je te le donne trois fois à deviner.

— Oh !

—Tu ne veux pas? Eh bien! attention...

Mais rappelle-toi que j'ai pris toutes les précautions. Y es-tu?

Il se recula et frappa dans ses mains.

—Une! deux! trois! je suis ton oncle!

L'effet se produisit tel qu'il avait été annoncé, c'est-à-dire que René ressentit une secousse et pâlit effroyablement.

— Quel oncle? balbutia-t-il.

— Le frère de ta mère, parbleu! Magloire de Plougastel, le dernier des Plougastel.

— Vous êtes... le comte de Plougastel?

— Tiens, parcours ces papiers, et mouille-les de tes larmes de tendresse, car ils constatent mon identité.

Il lui tendit un rouleau de vieilles paperasses sur lesquelles toutes les municipalités du globe s'étaient à l'envi disputé le droit d'apposer leurs timbres.

René de Verdières n'y jeta qu'un coup d'œil éteint et vague.

—Allons, reconnais ton oncle et presse-le sur ton cœur! dit Magloire.

—Je vous croyais... j'avais lieu de vous croire en Russie.

—J'en suis revenu avec les hirondelles.

—Pourtant on m'avait affirmé...

—Que j'étais mort? connu! et tu as

profité de cette nouvelle pour hériter de moi. Je vais t'intenter un procès.

— Plus bas, mon oncle, je vous en conjure! s'écria René avec terreur.

— Ah! le cœur parle enfin chez toi, tu es ému, tu détournes la tête! Abandonne-toi aux délices de cette reconnaissance.

René subit cette fois une embrassade qu'il ne pouvait empêcher.

— Tu est le portrait vivant de ta mère, lui dit le comte; la pauvre femme! elle

ne m'aimait guère, je t'expliquerai cela.
Sais-tu que tu es logé comme un prince?
Cela me rappelle ma résidence de la
Néva. Ah! nous avons eu bien des malheurs, Colomba et moi. Colomba, c'est
ma femme; tu l'admireras. Nous parlions
de toi souvent en regardant le ciel et en
y cherchant ton étoile.

—Comment avez-vous su mon adresse?
demanda René de Verdières, qui n'écoutait qu'à demi.

— C'est miraculeux. J'étais en quête
d'un logement assez vaste pour l'exploitation de mon *Parfum des Almés* (une

découverte immense! nous en recauserons), et après avoir hésité longtemps, j'avais enfin arrêté mon choix sur cet hôtel. J'étais même déterminé à signer un bail de quatre-vingt-dix-neuf ans, lorsque j'appris que le premier étage était occupé... par qui? par M. René de Verdières. A ce nom, je monte. Je m'informe. L'émotion me contraint à bousculer ton valet de chambre. Tu sais le reste.

— Fatalité! murmura René.

— C'est égal; quand on m'a informé que j'étais décédé, cela m'a fait de la peine. J'ai même versé quelques larmes sur mon trépas, dit le comte.

— Assez de railleries; la chose est plus sérieuse que vous ne pensez.

— Tu as donc un bien vif intérêt à ce que je sois mort?

— Eh bien! oui, mon oncle, je l'avoue.

— Ah! délicieux pendard!

— J'ai eu besoin d'accréditer ce bruit

pour asseoir ma position et inspirer de la confiance à mes clients.

— Fort bien. Tu es dans les traditions, tu as de la race.

— Maintenant, vous ne voudriez pas détruire mes espérances, renverser d'un souffle ce que j'ai si péniblement élevé, me réduire enfin à la honte ?

— Ah çà ! René, pour qui me prends-tu ? s'écria Magloire.

— Tranquillisez-moi. Depuis combien de temps êtes-vous à Paris ?

— Depuis dix-huit mois.

— Sous votre nom?

— Sous mon titre et mon nom de comte de Plougastel.

— Diable! murmura René; êtes-vous connu de beaucoup de monde?

— Je suis connu de la magistrature...

— Aïe!

— De la banque, de la noblesse, du clergé...

— Ah ! mon Dieu !

— De l'armée de terre et de mer. Enfin, j'ai des relations à tous les échelons de la société, dit Magloire en se rengorgeant.

— Il ne manquait plus que cela ! s'écria René de Verdières.

— As-tu besoin de ma protection auprès de quelque grand du jour ? Parle. J'ai la clé de plusieurs ministères, et je suis vu d'un fort bon œil dans les ambassades.

—Hélas! mon oncle, je n'ai besoin de rien. Tout mon désir, au contraire, est que vous demeuriez aussi inconnu que possible.

—N'est-ce que cela ?

—Pour me perdre, vous n'avez qu'à vous montrer sous votre nom.

—Tu exagères le péril. Hors toi et moi, sait-on que les Plougastel sont éteints ? Au lieu de comte, je serai vidame ou baron, si tu veux.

— Vous commencez à me rassurer, dit René de Verdières.

— Doutes-tu de mon affection? Va, nous nous entendrons parfaitement... à une condition toutefois.

— Une condition, mon oncle?

— Oh! tu me comprends de reste!

— Mais non, je vous jure.

— C'est bien simple, cependant. Puisque cela sert tes calculs, je consens volontiers à faire le mort, ou du moins à passer pour un Plougastel de la branche cadette (sacrifice pénible à mon amour-propre); mais puisque je participe ainsi à tes manœuvres, il me semble d'une bonne logique de participer également à tes bénéfices.

— Oh! comment avez-vous pu en douter un seul instant! s'écria René.

— Ecoute donc! l'amour de la famille ne me paraît pas être extrêmement développé chez toi. C'est à peine si tu t'es enquis de mes moyens d'existence.

— Une première entrevue...

— C'est juste ; mais, à la seconde, je t'engage à me questionner là-dessus. Et même, pour peu que tu tiennes à me gagner immédiatement à ta cause...

— Expliquez-vous, mon oncle.

— Eh bien ! mon neveu, tu me rendras le service de m'allouer quelques louis sur les profits de l'année courante.

— Rien de plus facile, dit René.

Il alla à un tiroir, y prit deux rouleaux d'or et les remit au comte de Plougastel.

Le comte de Plougastel fit trois pas en arrière, et s'écria avec chaleur :

— Tu es grand ! tu es sublime ! Je te contemple avec orgueil. Ma chère Colomba va donc avoir une robe de soie et un châle rouge ! Si tu savais combien elle mérite d'être aimée, ta tante ! Elle est beaucoup plus jeune que moi. Je te raconterai nos amours, nos traverses, nos voyages. Tu t'y intéresseras, n'est-ce pas ?

— Certainement.

— D'ailleurs, je ne connais pas de roman qui puisse être comparé à l'histoire de ma vie. Les moindres épisodes lasseraient la plume de vos écrivains les plus exercés. Colomba le sait bien; lorsqu'elle s'ennuie, elle m'appelle et me dit: *J'écoute.* Je comprends ce que cela signifie, et pendant deux heures je parle. De cette façon, nous charmons le cours des longues soirées d'hiver.

— C'est très-ingénieux.

— Toi aussi, tu nous raconteras tes

aventures, quand nous prendrons le thé, le soir. Il a dû t'arriver des choses étonnantes?

—Fort étonnantes, oui, mon oncle, dit René de Verdières.

—Tant mieux, nous ferons assaut. Mais voyons, quel appartément me destines-tu?

—Un appartement! ici?

—Tu ne voudrais pas vivre séparé de nous, je pense; ce serait d'un cœur froid.

D'abord, ta tante ne te le pardonnerait jamais.

— Je manque de logement, dit René, que l'idée de cette invasion effrayait déjà.

— Nous prendrons le deuxième étage. Tu sais que depuis quelque temps j'avais envie de cet hôtel. Si je ne puis satisfaire ma fantaisie tout entière, j'en réaliserai au moins une partie.

— C'est impossible !

— Impossible? voilà un mot anti-national, dit le comte de Plougastel. Quoi qu'il en soit, notre intention n'est pas de te gêner. Nous reparlerons de ce projet. En attendant, tu nous invites à dîner aujourd'hui, ta tante et moi, n'est-ce pas?

— Aujourd'hui? je...

— Nous acceptons ton invitation. Compte sur nous pour six heures; je suis l'exactitude en personne.

— Mais... un garçon n'a pas de maison montée D'habitude, je dîne hors de chez moi, murmura René de Verdières par un dernier effort de résistance.

— Tu feras venir de chez Chevet; c'est la providence des célibataires. Veux-tu que je commande en passant ?

— Faites comme il vous plaira.

— Tu n'auras pas à t'en repentir, dit le comte; j'ai rédigé une *Cuisinière russe à l'usage des petits appartements de Saint-Pétersbourg*, qui m'a placé très-haut sur le Parnasse gastronomique. A six heures, donc.

— A six heures, soupira René vaincu.

— A propos?

— Quoi? mon oncle.

— Tu ne me charges pas de quelque cadeau pour ta chère tante ?

— Un cadeau ?

— Oui ; quelques menus bijoux, de ces babioles qui se placent dans s écrins. Elle est très-friande de diamants, ta tante Colomba.

— Je n'ai pas chez moi de bijoux à femme, dit René.

— Que cela ne t'arrête pas ; remets-moi la somme que tu voulais consacrer à cette acquisition, et je me charge de tout.

— Voici un billet de cinq cents francs.

— Très-bien. Je lui annoncerai que tu lui donneras les diamants plus tard. Nous allons nous habiller avec pompe; tu seras content de nous.

René de Verdières lui adressa un regard où se résumaient toutes ses transes.
— Soyez prudent, n'est-ce pas?

— Enfant! dit le comte, tu parles à un diplomate de première force.

— Et ma tante?

— Ta tante a été dressée par moi : c'est tout dire. A bientôt, mon cher neveu !

Le comte de Plougastel serra la main inerte de René de Verdières, remit très-crânement son chapeau bleu, et fit frémir par son regard le malheureux valet de chambre qui l'avait reçu et qui le reconduisit en tremblant jusqu'au milieu de l'escalier.

CHAPITRE SEPTIÈME.

VII.

Trois couverts.

Pendant que René, demeuré seul, les yeux fixes, et plongé dans un fauteuil, réfléchissait aux jeux cruels du hasard, Colomba, penchée à la fenêtre de son hôtel garni, attendait impatiemment le retour de son époux.

Tout à coup une voix de tonnerre retentit derrière elle.

— Eh bien ! Colomba, est-ce que vous neuririez le projet funeste de vous précipiter par la croisée ? Le moment serait mal choisi, ma chère.

Colomba se retourna et eut comme un éblouissement.

Devant elle, au milieu de la chambre, Magloire, revêtu de vêtements somptueux, la regardait à travers un binocle d'or.

Au sortir de la rue de Braque, il s'était empressé d'aller renouveler sa garde-robe chez les marchands du Palais-Royal, où son goût théâtral ne lui avait pas fait défaut. Ne pouvant par malheur s'habiller avec le frac pluie d'or du marquis de Moncade ou la pelisse chamarrée de Murat, il s'était vengé de nos sombres coutumes en invoquant les nuances de gilet les plus fantastiques, en amoncelant les broderies autour de son cou et de ses poignets, en faisant traverser sa vaste poitrine par une inondation de jabot. Il était magnifique. Son pantalon avait une bande, et deux étoiles d'acier s'adaptaient au talon de ses bottes. Ainsi harnaché, constellé, ganté de beurre frais, faisant siffler un jonc à grosse tête, il participait triomphalement de l'aide-de-camp d'Haïti et du marchand de vulnéraire helvétique.

— Toi ! s'écria Colomba.

— Je jouis de ta stupeur ; regarde bien encore.

— Comment es-tu venu ? J'étais à la fenêtre, et je ne t'ai pas vu arriver.

— Tu veux dire descendre. Je descends de coupé, chère belle.

— Il t'a donc payé tes trente mille francs?

— Mieux que cela.

— Mieux que cela! répéta-t-elle folle de joie.

— Notre neveu est richissime; c'est un avocat du plus haut mérite; il a un organe superbe et une éloquence irrésistible. Ecoute plutôt!

Le comte de Plougastel tappa sur ses poches, qui se plaignirent en mode ar- argentin.

— Ah ! mon Dieu ! dit Colomba prête à se trouver mal.

— Ce neveu n'est pas un neveu, c'est un gisement aurifère. Il nous constituera des rentes tant que nous en voudrons. En attendant, il m'a donné cinq cents francs pour toi à titre d'épingles.

— Cinq cents francs... pour moi !

— Du courage, comtesse ; nous n'avons que ce qui nous est dû. Ne vous attendiez-vous pas un jour ou l'autre à ce qui nous arrive? Le sort nous remet à notre place, voilà tout. Maintenant, soyons graves, et prenons les habitudes de notre nouvelle position.

Il tira une tabatière, et en versa la moitié sur son jabot.

— C'est égal, dit Colomba attendrie, ton neveu.. vois-tu bien... ton neveu est un bravé homme !

— Oui, oui, répondit-il légèrement.

— Un homme d'honneur !

— Evidemment, évidemment. Mais causons d'autre chose.

— De quoi veux-tu causer? dit-elle, surprise.

— Prépare-toi à essayer des robes qu'on va t'apporter par mes ordres dans un instant.

— Tu veux que j'achète des robes toutes faites?

— Pour aujourd'hui, c'est indispensable. Nous sommes invités tous les deux à dîner chez René de Verdières.

— Et tu ne me le disais pas plus tôt !

— Il fallait procéder par ordre.

— J'en perdrai la tête... à dîner... un neveu... cinq cents francs pour moi !

— Sans compter les jetons de présence, ajouta Magloire, faisant dégorger un des rouleaux donnés par René.

— Bonté divine ! s'écria-t-elle ; une

fortune! Des louis! est-ce possible! nous paierons donc enfin ce que nous devons!

Ces paroles firent faire un brusque haut-le-corps à Magloire de Plougastel.

— Qu'est-ce que tu dis? s'écria-t-il.

— Je dis : nous paierons.

—Colomba, je ne vous reconnais plus, en vérité; à vous entendre, on vous croirait de basse extraction. Payer! payer! qu'est-ce que c'est que cela? Il est certains verbes que je vous ai défendu d'apprendre à conjuguer.

— Mais, mon ami...

— Vous vous figurez que, parce que nous avons quelques florins dans notre escarcelle, nous allons nous amuser à solder nos fournisseurs, comme des désœuvrés, comme des croquans ! C'est inimaginable ! Il faut que vous ayez sur la société actuelle les idées les plus renversantes du monde.

— Je n'aime pas les dettes, Magloire.

— Tu n'aimes pas les dettes? répéta-t-il avec les signes d'un profond étonnement.

— C'est plus fort que moi.

— Qu'aimes-tu donc, alors? Les dettes sont les fleurs des civilisations. Avec mille francs comptant, j'obtiendrai dix mille francs de crédit. Je veux exploiter en grand le *parfum des almés*.

— Encore ton *parfum des almés !* soupira Colomba.

— Mais, madame, vous vous imaginez

donc qu'on renonce à dix années de travaux et d'études sur une simple raillerie de femme? Je vous prédis que cet élixir règnera avant peu dans tous les boudoirs aristocratiques, et même sous l'humble solive du bourgeois parisien. Il est indispensable que notre neveu René nous en achète pour une somme importante.

— Oh! Magloire, ce serait abuser... Il n'est pas négociant, il est avocat.

— Raison de plus pour qu'il ait soin de sa personne; et puis il pourrait en céder à ses clients. Je lui soumettrai cette idée.

Ce colloque fut interrompu par l'arrivée des couturières. Elles apportaient un nombreux assortiment de robes comme dans ces contes de fées, où l'on improvise une princesse sur un coup de baguette.

Longtemps indécise (et quelle joie que l'indécision dans ces circonstances!), Colomba se décida en faveur d'un satin bleu aveuglant, avec par-dessus de même étoffe, le tout garni de blondes noires. Le hasard voulut que ce vêtement fût admirablement fait pour elle. Ainsi harnachée, elle ne ressemblait pas mal à une danseuse espagnole.

Magloire courut chez une modiste, qui apporta également plusieurs chapeaux, de ces chapeaux qui sont un événement, assemblage confus de plumes, de fruits et de minéraux, triomphe des vitrines de la rue Vivienne, et que l'on retrouve trois ans plus tard sur la tête des négresses de Porto-Rico.

Le cordonnier suivit la modiste. Enfin, après la visite du gantier et du marchand d'ombrelles, Colomba se vit entièrement transformée. La chrysalide était devenue papillon.

Pauvre femme, inoffensive et tendre

créature ! ce fut un des jours les plus heureux et les plus brillants de sa vie ! La soie, l'or, la famille, la bonne chère, tout cela venait à elle à la fois, à elle, orpheline, mal vêtue, mal nourrie, usée par les inquiétudes et les pleurs de chaque jour !

Lorsqu'ils se virent rayonnants de la sorte, Magloire et Colomba, un même attendrissement les saisit tous les deux ; sans se dire un mot, ils se jetèrent dans les bras l'un de l'autre...

La misère a de ces explosions. La joie des pauvres a de ces marées soudaines.

Ce moment d'effusion évanoui, le comte de Plougastel se dégagea brusquement. Il revint à son caractère habituel.

— Allons, comtesse! dit-il, les grandes âmes doivent se montrer au niveau des grandes destinées. Donnez du ballon à votre robe, et partons. Ce jeune de Verdières doit sécher d'impatience en nous attendant.

— Je suis prête.

— Tu seras contente du festin ; c'est moi qui en ai écrit le libretto.

Le coupé ne leur suffisait plus. Ils louèrent une calèche et prirent par les boulevards pour se rendre à l'hôtel de la rue de Braque.

Ce mode de transport et cette toilette exorbitante contrastaient si énergiquement avec la modeste excentricité sous laquelle Magloire s'était présenté le matin, que le vieux domestique en eut les bras coupés. Il poussa un soupir et les introduisit auprès de son maître.

Celui-ci, seul dans son cabinet, avait la tête enfouie dans les deux mains.

Il se releva au bruit que fit la porte en s'ouvrant.

— Colomba, voici René ! René, voici Colomba ! dit le comte de Plougastel dans le style du *Jeu de l'Amour et du Hasard*.

Colomba sauta au cou de son neveu, tandis que Magloire lui faisait craquer la main dans la sienne.

— Oh ! c'est extraordinaire ! s'écria subitement Colomba.

— Quoi donc ? demanda Magloire.

— J'ai déjà vu quelque part notre neveu.

— C'est ce que je me suis dit aussi moi. Mais où l'as-tu vu ?

Colomba hésitait.

René essaya de sourire; et, prenant la parole :

— Voyons, où croyez-vous m'avoir rencontré, ma tante?

— C'est le même visage et la même

voix, murmura-t-elle; et cependant, c'est impossible!

— Impossible, quoi? demanda Magloire.

Colomba se pencha vers son mari, et lui dit quelques mots à l'oreille. A son tour, il regarda plus attentivement René.

— Tu as raison, dit-il.

Las d'être contemplé de la sorte, René fit un effort et proposa de passer dans la salle à manger.

Mais le comte de Plougastel le retint par le bras.

— Un moment, mon cher neveu ! N'es-tu pas curieux de savoir ce que ta tante vient de me dire à l'oreille ?

— Je vous écoute, répondit-il en frissonnant.

— Cela ressemble bien à une folie; mais tu sais comme moi que l'invraisemblance est quelquefois un des caractères de la vérité.

— Enfin, mon oncle ?...

— Colomba, qui a un œil de gendarme, prétend que tu étais ouvrier maçon il y a un mois.

— Ouvrier maçon ? balbutia René.

— Ou démolisseur, si tu l'aimes mieux.

— Quelle plaisanterie !

— C'est ce que je me suis dit tout d'abord moi-même : quelle plaisanterie ! Ensuite, j'ai pensé que tu avais voulu sans doute te distraire de tes occupations du barreau. Dans ce cas-là, rien de plus simple. Il y a des distractions de tous les genres. Moi qui te parle, croirais-tu qu'il m'arrive parfois de chanter tout haut dans les rues, involontairement, comme si j'étais seul dans ma chambre? Quant à toi, mon cher René, il t'aura paru original de contribuer aux démolitions de Paris et de donner un coup de pioche aux derniers débris d'une civilisation vermoulue. Nous ne te blâmons pas, remarque-le bien. Tu as de l'imagination.

— Assez de raillerie, mon oncle, dit René.

— Tu prends cela pour de la raillerie? Mais Colomba et moi nous parlons sérieusement. Nous te reconnaissons tous les deux.

— Oui, oui, fit Colomba avec un mouvement de tête.

— C'est toi qui nous a mis à la porte d'un petit belvéder de plaisance que nous avions loué pour la belle saison.

— Où? demanda René.

— A quelque distance des Tuileries.

— Dans la rue du Musée, ajouta Colomba.

René souffrait et s'agitait, comme le scorpion enfermé dans un cercle de braise.

— Vous êtes abusés par une ressemblance, dit-il.

— A d'autres ! s'écria Magloire : le type des Plougastel ne court pas les rues. Le démolisseur d'hier et le propriétaire d'aujourd'hui ne font qu'une seule et même personne, et cette personne, c'est toi, mon petit.

Il fit claquer sa langue contre son palais.

— Je vous assure...

On ne te demande pas tes motifs, on est discret. Seulement, si un jour ou l'autre ton cœur a besoin de s'épancher, souviens-toi que tu possèdes un oncle qui unit à des trésors d'indulgence la connaissance la plus parfaite de tous les textes de la loi.

— Oh! oui, affirma ingénuement Colomba.

— Que voulez-vous dire ? s'écria René avec effroi.

— Je veux dire que je suis un peu avocat, moi aussi, quoique ne figurant pas sur le tableau, et qu'à nous deux nous pourrons étudier, lorsqu'il te plaira, le chapitre de la propriété, envisagée dans ses rapports accidentels avec les nécessités d'autrui.

— Je ne vous comprends pas.

— Non, mais tu pâlis cependant.

— Voyons, finis, Magloire, s'empressa de dire la comtesse ; tu es un taquin ; notre neveu est bien libre d'avoir des secrets ; attendons pour qu'il nous les confie qu'il nous connaisse davantage.

— A la bonne heure ! dit le comte de Plougastel ; et tu verras, René, de quel secours te seront nos préceptes. Si tu as commis une légèreté, — mon Dieu ! qui est-ce qui n'a pas ces peccadilles sur la conscience ? — nous l'excuserons ; si c'est un... délit, nous le pleurerons avec toi, et nous le réparerons autant que possible par des fondations pieuses.

— Vous allez trop loin, mon oncle! s'écria René, partagé entre la colère et la terreur.

— Bah! ne sommes-nous pas en famille?

— Magloire, je ne te reconnais plus, avança Colomba; tu laisses refroidir le dîner; si notre cher neveu a des confidences à nous faire, il nous les fera au dessert.

— Tu parles comme le huitième sage

de la Grèce, dit Magloire ; renvoyons les affaires sérieuses au moment de l'entremets sucré. René, offre le bras à ta tante.

CHAPITRE HUITIÈME.

VIII.

Trois couverts (*Suite.*)

La salle à manger, éclairée brillamment, reçut les trois convives.

Il a été dit que le comte de Plougastel s'était attribué l'ordonnance du repas.

Comme toutes les personnes qui ont à prendre leur revanche d'un passé famélique, le comte de Plougastel avait procédé par l'accumulation. Il avait laborieusement entassé l'Ossa des raretés sur le Pélion des primeurs.

Peut-être un goût plus éprouvé que le sien eût-il répudié certains poissons hyperboliques et laissé à leurs serres des fruits exclusivement monstrueux ; mais le comte de Plougastel portait l'emphase jusque dans la gastronomie.

La vitrine de Chevet y avait passé tout entière. Il y avait à manger pour vingt-cinq personnes.

Un sourire ineffable entr'ouvrit la bouche de Colomba à l'aspect de cette table qui chatoyait comme un kaléidoscope, et qui paraissait un monument élevé à l'histoire naturelle.

L'éclat des surtouts, la forme des flacons, lui arrachaient des exclamations de surprise que Magloire essayait en vain de réprimer.

Quant à René, il ne voyait rien, il n'entendait rien.

On s'assit. Au-devant de chaque assiette, une échelle de verres offrait toutes les gammes de l'harmonica bachique. Verres à patte, verres de Bohême pour le xérès, verre-tulipe pour le bourgogne, verres mousseline pour le bordeaux, coupes pour le champagne. La lumière semblait heureuse de se briser et de rayonner sur ces cristaux coquets.

— La séance est ouverte ! dit le comte de Plóugastel, en faisant un signe plein de grandeur à un domestique attentif.

On a représenté Mirabeau à la tribune;
j'essayerai de peindre le comte de Plougastel à table.

Son attitude était celle de l'homme arrivé à tout. De ce qu'il allait manger de
la soupe dans une soupière d'argent, il
croyait avoir conquis le monde. Sa vie
nouvelle allait dater de ces crevettes si
charnues et si roses, de cette carpe dé-
mesurée, de ces terrines mystérieuses et
provoquantes.

L'expression du plaisir était parve-
nue, dans son regard, à la sublimité.

Après quelques gorgées de potage, qui lui causèrent de voluptueux lancinements, il s'avisa de regarder René de Verdières.

— Oh ! René, qu'est-ce que cela signifie? Tu es sombre comme une caverne sans voleurs.

— Vous trouvez? murmura-t-il.

— Ne regarde pas trop le vin, tu le ferais aigrir.

— Magloire, dit Colomba à demi-voix, je voudrais encore du potage.

— Ce souhait n'a rien de surprenant, chère amie; toutefois je te ferai observer que si tu manges deux fois de chaque plat, tu cours le risque de ne pas pouvoir arriver au dessert.

— C'est vrai, mon ami, mais c'est si bon !

— Ce mot me ferme la bouche... au figuré, s'entend... car j'ai un appétit superlatif; ce n'est pas comme René.

— Excusez-moi, mon oncle; en effet, je n'ai pas grand'faim.

— Pas grand'faim; mais je n'ai pas grand'faim, moi, j'ai faim seulement, dit Magloire; si l'on ne dînait que lorsqu'on a grand'faim, cela serait excessivement triste. Au moins, j'espère que tu as soif et que tu vas boire; regarde ces bouteilles qui se pressent sur le dressoir comme des odalisques à l'approche du sultan; elles résument, elles aussi, toutes les supériorités et toutes les exquisetés de l'univers. Cette petite blonde s'appelle Sauterne, cette grosse brune Aragon; voici les pâles et minces Bordelaises, chéries des Anglais. Jette-leur ton mouchoir, mon neveu! Pour ce soir, ton oncle ne veut bien être que ton compagnon, ton émule.

— Magloire, dit Colomba toujours à demi-voix, qu'est-ce que c'est que je viens de manger ?

— C'est un délicieux filet à la purée de noisettes.

— Eh bien ! j'en voudrais encore.

— Diable ! murmura Magloire.

— Ne vous gênez pas, ma tante, dit René en poussant le plat vers elle.

— Ma foi, l'exemple est contagieux, s'écria le comte de Plougastel ; je ferai comme Colomba, je *reviendrai* au filet.

— A merveille! dit René, qui commençait à subir malgré lui l'influence de cette joie naïve.

Le premier service fut bravement expédié ; c'est ce qu'on appelle le coup de feu d'un repas : attaque vive et presque muette, armes fraîches, œil intrépide, assaut plein d'entrain et qui fait songer aux violons de Lérida. Le comte de Plougastel se distingua, dans ce premier choc, par des prodiges de valeur.

Au moment où il dégustait un vin de Beaune, après l'avoir fait tournoyer dans son verre pour en développer l'arôme, son œil s'arrêta sur René.

— Parbleu ! s'écria-t-il, je suis un bien grand étourdi !

— Qu'est-ce qui te prend? demanda Colomba, qui revenait en ce moment, comme par distraction, à un plat de pigeons en timbales.

— Je sais le motif de la mélancolie de notre neveu !

— Vraiment! dit-elle.

— Il est amoureux!

— C'est cela ! s'écria Colomba.

— Il est amoureux, répéta Magloire ; le fait est clair ; j'avais oublié l'article du journal.

—Quel article? demanda René.

— La publication des bans de ton mariage.

Ah! vous savez...

— Oui, oui, nous avons vu cela, dit Magloire en jetant à sa femme un coup d'œil d'intelligence ; tu épouses une demoiselle... une demoiselle...

— Claire Bertholet.

— Bertholet ou de Bertholet ?

— Bertholet tout simplement, mon oncle.

— Hum ! voilà qui sent la mésalliance ! murmura le comte de Plougastel.

René le regarda avec inquiétude.

— La Bretagne en gémira, poursuivit le comte ; le temps présent est funeste à la vieille noblesse, les sacs d'argent ont tué les écussons. Je sais bien ce que tu vas me répondre, mon gaillard : que tu es avant tout un homme de ton époque, que les idées ont marché, et que les plus vénérables parchemins ne valent pas les chiffons de la Banque. Tu as compris ton siècle, toi, et je n'ai pas le courage de t'en blâmer. Cette demoiselle... Bertholet est sans doute la fille d'un de nos modernes fermiers-généraux ?

René répondit brusquement :

— Non, mon oncle; elle est orpheline et pauvre.

Le comte laissa tomber la fourchette qu'il portait à ses lèvres.

— Te moques-tu de nous? s'écria-t-il ; Comment! une mésalliance gratuite! un mariage avec une fille sans naissance et sans dot!

Sans naissance et sans dot, c'est la vérité.

— Oh ! je suis arrivé à temps pour l'empêcher de faire cette folie !

René hocha la tête d'un air qui annonçait l'inébranlabilité de sa résolution.

— Méconnaîtrais-tu l'autorité d'un oncle ?

— Parfaitement, dit René.

Le comte but coup sur coup plusieurs rasades; après quoi, posant son verre :

— Tout mon portrait ! dit-il.

Il venait de connaître qu'il s'était trop avancé; il rompait spirituellement.

Mais Colomba, dont la sentimentalité était intéressée par un tel sujet, entra à son tour dans la conversation.

— Est-elle jolie ? demanda-t-elle timidement.

— Ma tante, dit René, je vous répondrai comme tous les gens épris : je ne crois pas qu'il y en ai de plus charmante.

— Allons, allons, tu es un enthousiasto, dit Magloire; cela ne me déplaît pas, tu as du feu. Nous reparlerons demain de ton mariage, ou un autre jour. L'heure présente appartient à Comus.

Magloire commençait à se *foncer*, suivant une expression vinicole.

Il s'écria :

— Si nous creusions un *trou* ?

— Comment dites-vous, mon oncle ?

— Je dis : un *trou.* Le *trou* est de moment du dîner qui précède le rôti, un milieu que l'on comble avec un verre de madère authentique ou de cognac accablé d'années.

— Ah! fort bien.

— Après cela, il est très-possible qu'on ait remplacé ce nom de trou par un mot plus élégant, par une qualification anglaise, comme c'est la mode. Mais, pour l'honneur de la table, j'espère que la chose subsiste toujours. Le trou refait l'estomac, il rompt absolument avec les précédents services, et nous facilite les moyens de dîner à nouveau.

— Mon oncle, nous ferons autant de *trous* que vous en désirerez.

— Belles paroles, mon neveu ! Colomba, regarde bien René : il fera son chemin dans le barreau.

L'intermède du *trou* eut lieu avec toute la solennité et la variété désirables. Au madère et au cognac succédèrent les sorbets et le punch glacé. Ce furent comme les trompettes en avant d'un cortége : le rôti se montra resplendissant de belles nuances dorées, et à peine contenu dans l'ovale gigantesque d'un plat d'argent. Il fut accueilli par un respectueux silence, enfant de l'admiration.

Les yeux de Colomba particulièrement étaient dilatés outre mesure; la plus magnifique représentation de l'Opéra ne l'eût pas émerveillée davantage. Anéantie dans son bienheureux étonnement; elle n'avait qu'une inquiétude : c'est que l'appétit vint à lui manquer.

Cette préoccupation était d'un ordre beaucoup trop secondaire pour atteindre le comte Magloire.

Il avait eu trop faim autrefois pour ne pas avoir toujours faim désormais.

D'ailleurs, le trou venait d'être pour lui ce que la terre était pour Antée. Il en avait reçu de nouvelles forces.

La table eût appelé en ce moment le joli pinceau de Lancret. Les bougies étaient à moitié de leur course ; la nappe n'avait plus cet aspect raide de la première heure ; une tiède atmosphère emplissait l'appartement.

Pendant que les paroles s'échangeaient, il y avait un accompagnement

continu de couteaux et de fourchettes;
tous ces petits instruments d'argent s'agitaient, brillaient et s'abattaient sur
des assiettes d'une tendre et fine porcelaine. Des gouttes jaunes et rouges teignaient les verres. Les sourires, les regards, les rasades, tout se mariait dans
une lumière mobile et chaude.

Le triomphe du comte de Plougastel
devait être la *pièce montée.*

CHAPITRE NEUVIÈME.

IX.

Trois couverts (*Suite.*)

René de Verdières eut un sourire en apercevant la citadelle de pâtisserie, commandée et recommandée expressément par son oncle. Les remparts étaient en massepain, les créneaux en sucre candi et les canons en angélique. Des crèmes de couleurs diverses coulaient dans les fossés. C'était puéril et déshonorant pour le dîner. Mais nous avons donné à entendre que chez Magloire les notions du goût s'étaient légèrement perverties dans le cours de ses vagabondages et de ses traverses.

Il croyait à mille choses encore, telles que l'omelette soufflée et le vin de Frontignan.

Après cela, imaginez-vous s'il croyait à la *pièce montée.*

— Oh! Magloire! s'écria Colomba à cette apparition.

Et elle ne put en dire davantage.

Son cœur se liquéfiait.

— C'est assez gentil, hein? fit le comte, dont le gilet se gonflait de contentement.

— Je ne sais pas ce que c'est, répondit-elle; mais, toute petite, j'en voyais souvent derrière les vitres des pâtissiers, cela me faisait bien envie, et je ne croyais pas être jamais assez heureuse pour en manger.

— Eh bien! croque ton rêve aujourd'hui! mords dans tes illusions, ne te gêne pas! Fais comme moi, Colomba, ne te souviens du passé que pour combler tes désirs. Nous avons tous dans l'imagination une multitude de *pièces montées*. Réjouissons-nous : en voilà une à la fin qui se fait palpable et qui descend à portée de nos lèvres. Les autres descendront à leur tour, tu verras; il ne s'agit que d'avoir de la patience.

— Ce n'est pas ce qui m'a manqué, mon ami, dit Colomba.

— Je le sais, tu as été sublime, tu as été Romaine. Laisse-moi te donner de la crème au chocolat.

— C'est bien lourd, murmura-t-elle.

— Tant mieux !

— Vous ne buvez pas, ma tante, dit René.

— Mon neveu, je n'ose plus... Je suis bien heureuse, mais il se passe en moi des choses qui me font peur... On dirait que j'ai un soleil dans la tête.

— Je sais ce que c'est, reprit Magloire ; il n'y a pas de quoi s'effrayer. C'est le bonheur. Tout à l'heure, il te poussera des ailes.

— Qu'est-ce que vous me versez-là, mon neveu ?

— Du vin de champagne, ma tante, du Bouzy ; c'est très-doux.

— Comme c'est joli ! dit-elle en admirant les fusées qui s'épanouissaient turbulemment dans son verre.

— Et comme c'est bon! ajoute Magloire; j'aurais dû commander des musiciens; une telle liqueur ne devrait être bue qu'au son des symphonies.

— Veux-tu que j'appelle un orgue? dit Colomba prête à se lever.

— Fi! ce sont des harpes qu'il faudrait, des flûtes cachées dans le feuillage, ainsi que dans les tableaux de... chose... le célèbre peintre... je ne sais plus qui... René, ton champagne, c'est de l'or sucré Je n'en avais pas bu depuis la dernière fête donnée par le czar dans son palais d'été, en l'honneur de... tout ce que tu voudras... avec des quinquets dans les charmilles... Mais il était bon aussi, celui-là... n'est-ce pas Colomba?

— Que veux-tu, mon ami? murmura Colomba d'une voix douce comme la brise.

— Le vin du czar...

— J'ai chaud.

— De mon ami le czar !

— Ne m'en donne plus.

— Toute la cour était-là... te rappelles-tu, Colomba ? Je portais l'habit à la française et je dansai jusqu'à l'aurore.

Colomba murmura :

— C'est bien fatigant, la danse.

— J'ai un jarret de fer... le jarret de Trénis ! Malheureusement, je suis venu trop tard en Russie ; la grande Catherine n'était plus... c'est heureux pour Colomba!

Ce disant, le comte de Plougastel jeta un verre de vin de champagne dans son gosier.

— Je prétends, reprit-il d'une voix de tonnerre, faire merveille à ta noce, mon cher neveu; je danserai la chaconne, la gigue, la hongroise, le fandango, la saltarelle, la bourrée, l'allemande et même le pas du châle... toutes les danses nationales et de caractère. Danses-tu, toi?

— Non, mon oncle, dit René, dont l'esprit se laissait pacifiquement remor-

quer dans le village de cette conversa-
n.

— Ce n'est pas possible ! dis donc, Colomba ?

— J'entends, mon ami.

— Il ne danse pas !

— Tu crois ?... Tiens ! ce bouchon qui vient de partir tout seul... Comment cela se fait-il ?

— Ma tante, c'est le gaz qui, en se dégageant.

— Il faudra qu'il danse !

L'entretien était arrivé à ce degré où les moindres balivernes sont proférées avec importance, où l'activité de la pensée est diminuée en raison de l'intensité de la sensation, où le souvenir n'embrasse plus que des masses confuses.

Depuis longtemps, les domestiques avaient été congédiés.

— Nous danserons tous! répéta le comte de Plougastel ; et nous chanterons aussi.

— Ah oui ! tu chanteras, Magloire, dit la comtesse, dont l'oreille pleine de rumeurs ne saisissait que les derniers mots de chaque phrase.

— Broum ! broum !... ut, ut... sol, sol... *Allons, les belles, suivez-nous ; allons, les belles...* mi, ré, ré, ré... Hein ! qu'est-ce que tu penses de ces notes, monsieur l'avocat ?

La salle tremblait.

— Vous avez la voix forte, dit René avec politesse.

— Est-ce qu'on ne jurerait pas que je me gargarise avec des rossignols?

— Effectivement.

— Et cette cadence... ti, reli, li, li, li... ne semble-t-il pas que j'égraine des perles?

— Vraiment, oui.

Les accents du comte de Plougastel retentissaient encore lorsque la figure effarée de Joseph se montra au seuil de la chambre.

— Est-ce que monsieur appelle au secours? demanda le domestique.

— Non, Joseph, non, dit René qui ne put cacher un sourire.

— Monsieur m'excusera, je croyais...

Pendant ce court incident, le comte de Plougastel avait froncé le sourcil.

Il versa gravement du vin de chambertin dans son verre à champagne.

— Vous pouvez vous retirer, Joseph, dit René.

— Est-ce que nous vous dérangeons, mon neveu ? interrogea Colomba, dont les yeux, perdus dans un lointain métaphysique, avaient suivi cette scène sans y rien comprendre.

— Allons donc, ma tante; vous ne le pensez pas...

— C'est qu'il ne faudrait pas vous gêner pour nous, ajouta-t-elle avec cette humilité qui était le trait principal de son caractère.

— Colomba, dit le comte en savourant un biscuit tout ruisselant des larmes du madère, qu'il avait fait succéder au chambertin ; Colomba, tu peux, tu dois tutoyer notre neveu ; je t'y autorise au nom de toutes les traditions de famille.

— Oh ! non, murmura-t-elle.

— Pourquoi donc, chère tante? dit René.

— C'est excessivement distingué, reprit le comte de Plougastel ; j'ai connu un comédien qui me tutoyait sans m'avoir jamais vu... Écoute comme je tutoic avec aisance notre cher René... René, donne-moi à boire... René... Non, du bordeaux, à présent.

— Je n'oserai jamais, dit Colomba ; ce que je lui promets, par exemple, c'est...

— C'est quoi ? dit Magloire.

— C'est de bien aimer sa femme... quand il sera marié.

— Merci, ma tante, dit René en lui prenant la main avec reconnaissance.

— Oui, ton bonheur sera le nôtre...

notre bonheur sera le tien! s'écria Magloire; cela fera deux bonheurs... non, quatre bonheurs... Au fait, tu as raison d'épouser qui bon te semble; pourquoi ne céderais-tu pas à ton penchant? Le langage du cœur, je ne connais que cela.... Qu'importe la fortune? tu nous en donneras tant que nous en voudrons, d'ailleurs... Quant aux titres, ma foi! nous laisserons se lamenter nos aïeux dans leurs cadres... J'ai bien épousé Colomba, moi, ton oncle!

— Comment? interrogea René.

— Parbleu! puisque nous sommes

entre nous, je peux te le dire... Tu la prends peut-être pour la fille d'un boyard ?

— Eh bien !

— Donne-moi du vin ! dit le comte de Plougastel en changeant soudainement de ton ; du chablis... avec de la croûte de pâté.

— Voici, mon oncle, continuez.

— Que je continue, quoi ?

— Ce que vous disiez à propos de ma tante.

— Ah! j'y suis, reprit le comte en se mordant la langue; vois-tu, mon neveu, on ne parviendra à civiliser entièrement la Russie qu'à la condition de couvrir son territoire d'un vaste réseau de chemins de fer.

— Mais.... objecta René, surpris.

—Et encore !!

Colomba se hasarda à glisser une question dans les joints du dialogue.

— De quelle couleur est Mlle Berthollet, demanda-t-elle à René.

— Elle est blonde comme vous, ma tante.

— Ah! tant mieux! il me semble que je l'aimerai davantage.

— Oui, dit le comte, Colomba est tellement éprise de cette nuance, qu'un jour, voulant lui procurer une agréable surprise, je me suis décidé à me faire teindre...

Cette galanterie a paru à Colomba du plus haut goût...

J'étais un blond superbe...

J'avais l'air d'avoir un paquet de tabac sur la tête.

Le comte de Plougastel buvait toujours.

— Mlle Berthollet a-t-elle une sœur? demanda encore Colomba.

— Non, répondit René.

— Alors je serai pour elle plus que sa tante, je serai sa sœur... si vous y consentez.

— Chère tante, dit René, je ne vous connais que depuis deux ou trois heures, et chacune de vos paroles augmente mon estime et mes sympathies pour vous.

— Mais elle a une mère, n'est-ce pas ?

— Elle l'a perdue de bonne heure.

— Son père existe, au moins ?

— Elle est orpheline depuis quelque temps, répondit René avec effort.

— Orpheline, oh! la pauve enfant! Entends-tu, Magloire? elle est orpheline.

Magloire leva les yeux au ciel.

Puis il dit avec onction :

— Nous lui tiendrons lieu de tout.

— René, est-ce que vous allez retomber dans vos idées noires? reprit Colomba; quand on vous parle de votre future, on dirait que ce sujet vous déplaît.

Magloire devança la réplique de René.

— C'est de la délicatesse, pas autre chose.

Quand on me parlait de toi jadis, Colomba, je palpitais comme une sensitive.

— Tu es bien rouge, Magloire.

— C'est que je suis altéré, probablement.

Je parle tant, que j'oublie de boire.

Il mit du vin rouge dans son verre, qui contenait du vin blanc.

Après cette belle besogne, il se tourna vers Réné et lui dit d'un ton qui accusait un sincère regret :

— J'espérais faire plus d'honneur à ton dîner, mon cher neveu... je ne sais à quoi attribuer l'indolence de mon estomac. Autrefois, je versais trois bouteilles de champagne dans un schako, et ce n'était pour moi qu'une gorgée. Je n'y comprends rien... Ma sobriété d'aujourd'hui t'a choqué peut-être... Tu es honteux de posséder un oncle d'un si faible tonnage... Je suis confus moi-même, Excuse-moi, René.

— Vous n'avez pas besoin d'excuses.

— Tu t'imagines sans doute que j'ai déjeuné avant de venir ici.

— Non !

— Que j'ai voulu te faire injure !

— Rassurez-vous...

Mais Magloire ne voulait pas se rassurer.

—Te faire injure !... moi, ton oncle... comment as-tu pu le croire un instant, une minute, une seconde! moi qui donnerais tout pour toi... tout ce que j'ai... René, mon cher René, abdique une erreur aussi funeste !

— De grand cœur ! repartit René, qui ressentait la contagion de l'ivresse.

— Je t'en prie !

— Oui, mon oncle.

— Dis-moi que tu ne m'en veux pas.

Tu as bon cœur, tu ne peux pas m'en vouloir...

— Eh ! pourquoi vous en voudrais-je...

— Répète ces nobles paroles... ah ! répète-les... car elles viennent de ton âme, j'en suis sûr... de la belle âme dont elles sont l'écho. René ?

— Mon oncle ?

— Donne-moi ta main, dit le comte de Plougastel en se levant.

René lui tendit la main por-dessus la table.

— Et toi aussi, Colomba, donne-moi la tienne... faisons tableau ! Jurons solennellement d'être toujours unis... Où pourrions-nous être mieux qu'auprès du fils de ma sœur? O mes amis, mes chers amis! quelle perspective enchantée se déroule à mes yeux? Le plus modeste toit de chaume vaut-il ces somptueux lambris?... Non, certainement non !... Je n'en puis ajouter davantage... l'émotion me suffoque.

En retombant lourdement sur sa

chaise, le comte de Plougastel cassa un verre.

— Oh! s'écria Colomba, cela porte malheur.

— Bah! cela dépareille une douzaine, voilà tout, murmura Magloire.

Il ajouta :

— René nous donnera les onze qui restent.

Cette scène de famille fut, une seconde fois interrompue par l'entrée de Joseph.

Joseph apportait une lettre sur un plateau.

Cette fois, on ne fit guère attention à lui ; les esprits gravissaient les blancs degrés du temple du ravissement.

Aussi, Joseph, qui n'était pas accoutumé à un pareil spectacle, demeura-t-il quelques instants immobile, les yeux ouverts avec stupeur.

— Encore! dit à la fin René, s'apercevant de la présence de son domestique.

— Le faquin ne nous laissera pas tranquilles! s'écria le comte de Plougastel.

— Mon ami, il tient un plateau, remarqua Colomba.

— Le café, sans doute, dit le comte.

— Non, je vois quelque chose de blanc.

— Un nougat alors... j'en raffole... Posez cela, mon ami, posez donc !

Mais Joseph fit un pas du côté de René, et, retrouvant la parole :

— C'est pour vous, monsieur... on a dit que cette lettre était très-pressée, qu'il fallait vous la remettre tout de suite.

— Qui a dit cela?

— La personne qui l'a apportée... un commissionnaire... un enfant.

René prit la lettre.

— Vous permettez, ma tante... et vous, mon oncle?

— Comment donc? s'écria Magloire; veux-tu que je te la lise?

— Merci.

Pendant que René décachetait la lettre, Joseph, cloué au parquet, promenait ses regards autour de lui.

Sur la table, tout était au pillage; les bouteilles se coudoyaient dans un pêle-mêle divertissant; il y en avait même quelques-unes d'abattues, ce qui les faisait ressembler à un jeu de quilles en désordre. Les biscuits au grain doré gisaient, à demi-rompus, près des pyramides de fruits écroulées; des taches roses égayaient par-ci, par-là, l'hermine de la nappe; tandis que, comme un pan de mur vénéré, s'élevait sur une assiette aux armes de Saxe, un fragment de fromage de Roquefort effrité, lézardé, déchiqueté et dominant, avec un grand air de philosophie, le mélange papillottant des bonbons, des gelées et des fleurs.

Joseph regardait tout cela, et de fréquents soupirs soulevaient sa poitri n

Bientôt, rappelé aux devoirs de sa position, il se tourna vers son maître, dont il attendait les ordres ; mais alors il fut frappé du bouleversement de sa physionomie.

Le papier s'agitait entre les doigs tremblants de René de Verdières.

Il lisait avec effroi.

— Qu'avez-vous, monsieur? demanda Joseph, inquiet.

René ne répondit pas.

—Sans doute quelque lettre anonyme, murmura le comte de Plougastel ; l'arme du lâche et du délateur.

—Oui, une lettre anonyme... balbutia René.

— Si tu me la montrais, je reconnaîtrais peut-être l'écriture.

—Oh! c'est inutile! dit René en la serrant vivement dans son habit.

Et il ajouta à demi-voix avec un sourire sinistre :

— D'ailleurs, je m'attendais à la recevoir tôt ou tard. C'était fatal.

— Ce garçon-là est singulièrement ténébreux, pensa Magloire ; comment faire pour lire cette lettre ? J'ai l'idée qu'elle m'éclairerait sur mes devoirs d'oncle...

Le reste du repas se ressentit de cet épisode. Vainement les irritantes vapeurs du café s'élevèrent et tourbillonnèrent au-dessus des minces tasses japonaises ; vainement la cave à liqueurs étala ses féeries : rien ne put rappeler la joie disparue. Le ton de René avait changé; son visage était redevenu sévère et triste. Le comte de Plougastel lui-même, tout à l'heure si bruyant, n'apportait plus qu'une attention distraite aux derniers détails du service. A travers la fumée d'un énorme cigare, qu'il mâchait par contenance, il observait du coin de l'œil son neveu.

CHAPITRE DIXIÈME.

X.

Trois couverts (Suite).

Celui-ci, après un quart d'heure de contrainte, fit un signe à Joseph et se leva.

— Mon oncle, dit-il, vous me permetrez, je l'espère, de me retirer. Cette letre m'a laissé une impression pénible que je ne suis pas maître de dissiper sur-le-champ, et sous l'empire de laquelle vous ne trouveriez plus en moi qu'un médiocre compagnon de table. Excusez-moi donc, je vous prie. Joseph va rester auprès de vous... et, lorsque vous en manifesterez le désir, il ira vous chercher une voiture.

— Diable ! ce n'est pas mon affaire ! se dit Magloire.

— Avez-vous besoin de nos soins ? se hâta de demander Colomba.

— Non, ma chère tante, je vous remercie.

— René, nous ne pouvons pas t'abandonner dans la peine où nous te voyons, dit Magloire ; libre à toi de nous refuser ta confiance; mais nôtre devoir, à nous, est de t'entourer de notre sollicitude. Je ne veux pas faillir à mon devoir. Entourons-le, Colomba !

— Je vous sais gré de votre insistance, mais il n'y a pas lieu à vous déranger.

— Si fait ! si fait ! nous ne te quit-

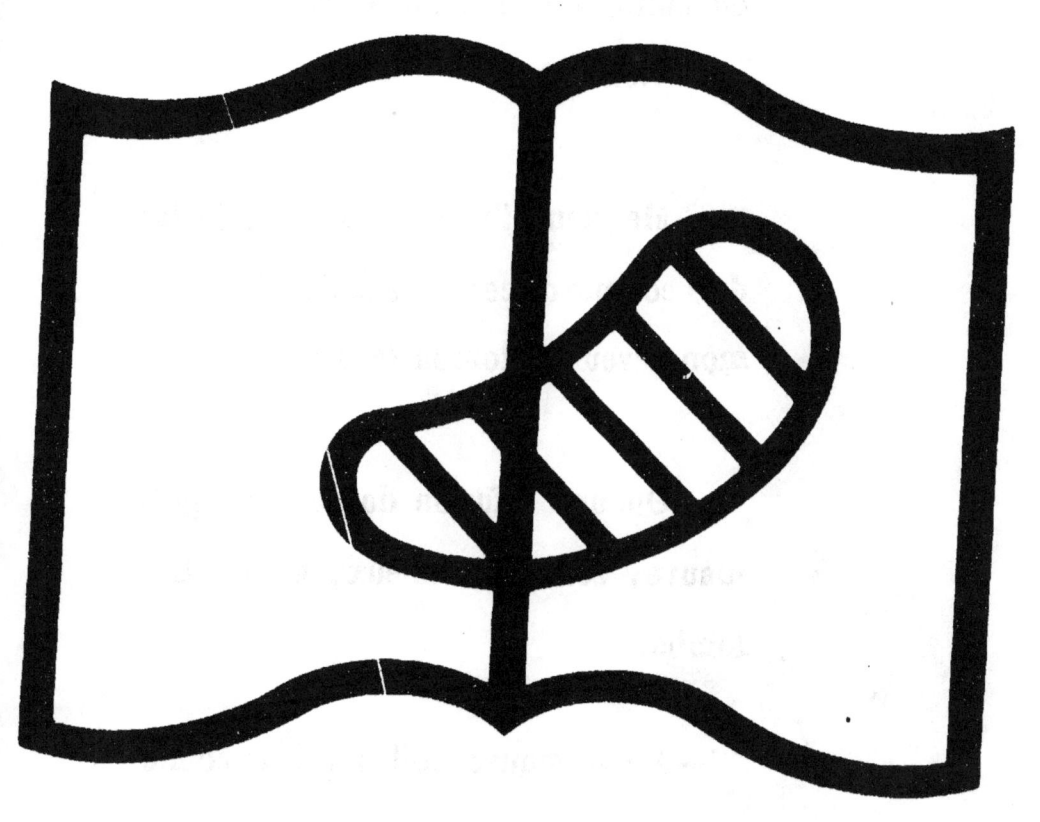

Original illisible
NF Z 43-120-10

tons pas. Je veux t'accompagner dans ta chambre, veiller à ton chevet.

— Non...

— Ma sœur t'a confié à moi; je lui dois compte de ce précieux dépôt. Viens, mon neveu; Colomba te fera du tilleul.

— Ou une infusion de fleur de guimauve, cela vaut mieux, ajouta Colomba.

— De guimauve, soit, reprit le comte de Plou... ...qastel qui s'empressait à travers la salle. Jo... ...eph, donnez-moi ce flambeau.

— Encore une fois, mon oncle, dit René avec fermeté, je ne veux rien, je n'ai besoin de rien. Vous me désobligeriez en me suivant. Il ne me faut que du repos... et de la solitude.

L'accent avec lequel avaient été prononcées ces paroles n'admettait pas de réplique.

Magloire s'arrêta, hésita une minute; puis, se penchant vers l'oreille de sa femme :

— Trouve-toi mal ! lui dit-il.

—Hélas! tu as deviné, murmura-t-elle languissamment; je ne me sens pas bien, en effet... pas bien du tout.

—Alors, dis-le à haute voix.

— Que je le dise? répéta-t-elle étonnée.

—Oui.... simule un étourdissement, un évanouissement, tout ce que tu voudras... comme au théâtre... cela m'est nécessaire. Va donc...

— Ah! cria-t-elle.

Il l'avait pincée.

René, qui sortait, se retourna.

— Grand Dieu ! exclama le comte de Plougastel ; c'est ma femme qui se trouve mal.

— Il se pourrait ! dit René.

— Elle ferme les yeux.... ses lèvres blanchissent... Colomba ! Colomba !

Mais Colomba, fidèle à sa leçon, se garda bien de répondre.

— Apportez les sels qui sont dans ma chambre, Joseph, dit René.

— Oui, apportez tout ! dit Magloire, qui se démenait comme un épileptique.

Il s'approcha de Colomba et lui frappa dans les mains.

— Aïe ! fit celle-ci.

— Elle revient à elle, dit René.

— Non ! non ! répliqua Magloire.

—Cependant, elle est moins pâle ; voyez.

— Cela ne fait rien.

— Vous trouvez-vous un peu mieux, ma tante? demanda René, sans avoir égard aux étranges observations du comte.

—Elle ne répondra pas... Tu perds ton temps à l'interroger... Elle en a pour toute la nuit.

— Toute la nuit !

Joseph reparut avec plusieurs flacons entre les mains.

— Donnez ! dit Magloire en le débarrassant.

Penché sur Colomba, il lui fit respirer la première essence venue.

— Tiens ! est-ce que c'est ton *Parfum des Almés ?* dit-elle à demi-voix.

— Tais-toi donc.

— C'est la même odeur...

— Tu crois? dit Magloire en portant à son tour le flacon à son nez ; c'est vrai... M'aurait-on déjà volé mon invention ?

— Eh bien ! dit René, qui suivait cette scène avec anxiété.

— Toujours bien faible... répondit Magloire.

— Un médecin est indispensable, alors ; je vais en faire prévenir un.

— Ne t'en avise pas, mon neveu ! d

Magloire en mettant les flacons dans sa
poche ; ta tante ne peut pas souffrir d'autre Esculape que moi... Je connais son
mal... Cela vient d'une frayeur qu'elle a
éprouvée en me voyant attaqué dans
mon traîneau par quarante-quatre loups,
sur la route de Tobolsk.

— Pourtant, il est nécessaire de prendre un parti.

— Ordonne à ton valet de chambre de
lui dresser un lit dans cette pièce ou
dans une autre.

— Vous avez raison, dit René en se tournant vers Joseph.

— Un lit? répéta machinalement le domestique.

— Oui, un lit, dit Magloire; un lit pour la comtesse, et un autre pour moi... cela fait deux lits... Est-ce que vous ne comprenez pas?

Joseph soupira et sortit.

Quelques minutes après, René se retirait dans sa chambre.

À la lueur d'un candélabre posé sur un guéridon, il relisait la lettre qu'il venait de recevoir.

Voici les termes dans lesquels elle était conçue :

« Vous vous êtes trop hâté de publier les bans de votre mariage. Ce mariage est impossible, vous devez le savoir. La mort du maçon Bertholet a eu deux témoins : vous et moi. Si vous tenez à ce que je n'échange pas mon rôle de témoin contre celui d'accusateur, vous viendrez demain au rendez-vous que je vous assigne : quai de la Tournelle, du côté de l'eau, à neuf heures du soir. »

L'écriture, qu'on n'avait pas pris la peine de déguiser, était une écriture de femme, et même il sembla à René qu'elle ne lui était pas inconnue.

Ses précédentes secousses l'avaient préparé à ce choc. Cette lettre n'était pour lui que la confirmation d'un soupçon terrible. On comprend toutefois ce que purent être ses souffrances et son anxiété au sujet de l'odieuse équivoque que paraissait vouloir établir l'auteur de cet écrit.

« *Si vous tenez à ce que je n'échange pas mon rôle de témoin contre célui d'accusateur...* » disait-il. Quel sens calomnieux ajoutait-il à cette menace ? Qu'est-ce que ce témoin croyait donc avoir vu ?

Et puis, — car la pensée de René descendait un à un les degrés de ce mystère, — pourquoi avait-il tardé si longtemps à se faire connaître ?

Quelles seraient ses exigences dans le présent et dans l'avenir ?

Déjà, il mettait à son silence la condition la plus douloureuse pour René !

la rupture de son mariage avec Claire.

Mais, cette condition, René ne pouvait pas l'accepter; ce sacrifice, il ne pouvait pas le subir.

Telles étaient en partie les perplexités qui avaient remplacé dans son esprit les joyeuses agitations du dîner.

Longtemps il se promena dans sa chambre, les yeux fixés tantôt au parquet et tantôt aux rideaux de la fenêtre, sur lequels son ombre s'alongeait et se retirait tour à tour.

Cette tension morale et physique l'empêcha de prendre garde à d'étranges mouvements qui agitèrent plusieurs fois la portière en tapisserie conduisant à l'antichambre.

Il se jeta sur son lit sans avoir la force de se déshabiller. Les bougies, se consumant dans un coin, semblaient éclairer un agonisant.

A un certain moment, il ouvrit grandement les paupières : il avait entendu, du fond de son sommeil, le bruit d'un meuble heurté. En même temps, il lui sembla voir passer devant lui la figure de son oncle, le comte de Plongastel.

Il crut faire un rêve, et, comme pour s'en débarrasser, il étendit le bras vers un cordon de sonnette; mais, épuisé, ce bras s'arrêta à moitié chemin et retomba au bord du lit. Les yeux de René se refermèrent.

Il n'avait pas rêvé : c'était bien le comte de Plougastel qu'il avait vu. Effrayé du bruit qu'il venait de produire, celui-ci était resté sur un pied au milieu de la chambre, la respiration coupée comme par une rafale.

Ce qu'il lui avait fallu de stratagèmes pour arriver jusque-là et déjouer la vigilance de Joseph, nous le laissons à deviner en partie. D'abord il avait tenté vulgairement de griser le fidèle domestique ; mais le moyen était trop grossier Joseph, qui avait fréquenté les théâtres, se tenait sur ses gardes comme un *troisième rôle*. Alors, le comte avait essayé d'autre chose : il s'était montré plein d'exigences et avait prétexté de mille besoins saugrenus pour l'envoyer au dehors.

Ce fut pendant une de ces courtes absences que le comte de Plougastel se glissa dans la chambre de son neveu.

Était-ce bien un sentiment de sollicitude qui l'y poussait? N'était-ce pas plutôt une ardeur de curiosité? Cette dernière supposition eût prévalu pour ceux qui auraient pu le voir se diriger, après quelques secondes d'indécision et de crainte, vers le lit de René.

Comme nous l'avons dit, un bras du jeune homme pendait au bord des draps; cette position avait entraîné un des revers de l'habit, dont elle laissait à découvert la poche intérieure.

Avec un redoublement de précaution, le comte de Plougastel fouilla dans cette poche, et il en retira la lettre anonyme...

Quelques minutes après, effaré, il retourna précipitamment au chevet de sa femme.

— Colomba! lui disait-il à voix basse, et en lui prenant le poignet.

— Quoi? que veux-tu, mon ami? demanda-t-elle, réveillée en sursaut.

— Lève-toi! ne restons pas ici une minute de plus!

— Tu me fais peur! dit Colomba en se mettant sur son séant ; que vient-il donc de t'arriver ?

— Je t'expliquerai tout, mais habille-toi.

— Au milieu de la nuit?

— Nous ne sommes pas en sûreté dans cet hôtel! reprit-il en cherchant son bleu.

— Notre neveu...

— Notre neveu est un scélérat!

CHAPITRE ONZIÈME.

XI.

Le rendez-vous.

Sans être précisément désert, le quai de la Tournelle, qui est, comme on sait, parallèle à la rue Saint-Victor, et qui regarde l'île Saint-Louis, offre cependant, lorsque vient le soir, une assez vaste étendue de silence et de solitude, propice aux rendez-vous mystérieux.

Ainsi qu'on doit le supposer, René ne manqua pas de se trouver sur le quai de la Tournelle.

La sonnerie de neuf heures, que le vent lui apporta, sinistre et distincte, des horloges de Saint-Louis, de Saint-Séverin, de Saint-Gervais et de Notre-Dame, lui imprima une secousse électrique.

Presque au même instant, une ombre

passa à ses côtés, se retourna et s'arrêta.

C'était une femme.

Pendant qu'il hésitait, elle s'approcha de lui et releva son voile.

René put alors distinguer, à la lueur du gaz, le pâle et triste visage de la fille du libraire.

— Mademoiselle Jorry ! dit-il.

Elle ne répondit pas. Plus émue que lui

encore, elle attendit, la main posée sur la poitrine, que la respiration lui revint.

René lui dit, l'anxiété hachant toutes ses syllabes :

— Est-ce... au hasard... que je dois de vous rencontrer... ici?

Hortense parut hésiter.

Ce moment fut suprême.

Elle regarda René avec une expression indéfinissable, et dans laquelle il crut entrevoir une espérance...

Mais cette illusion ne fut pas de longue durée.

Hortense, comme si elle eût été rendue subitement à elle-même, répondit *non* par un brusque mouvement de tête.

—Non?... murmura René de Verdières; ce n'est pas le hasard... Mais alors...

—Alors... dit avec effort la jeune fille; c'est moi qui vous ai écrit.

—Vous!

Et, après un court silence :

— Au fait, pourquoi cela m'étonnerait-il? dit René; ce n'est pas la première fois que je vous trouve entre mon bonheur et moi.

— Ainsi votre bonheur s'appelle Claire? dit-elle avec amertume.

— Vous le savez.

— Eh bien, retenez ceci, monsieur de Verdières : Si votre bonheur s'appelle Claire, votre salut se nomme Hortense.

—Mon salut? répéta-t-il. Ah! vous me rappelez les termes de votre lettre; expliquez-vous!

—Qu'ai-je à expliquer? Vous avez dû tout comprendre.

—Cette mort du maçon Bertholet...

—Je l'ai vue.

—Comment? Par quel hasard?

—Vous ne me croyez peut-être pas? dit-elle avec une ironie calme.

Il ne répondit point.

— Vous allez me croire, reprit Hortense.

Au mois d'avril dernier, mon père, de retour d'une visite aux alentours du Palais-Rayal, m'annonça qu'il venait de vous voir travailler aux démolitions de la rue du Musée.

D'abord, je me refusai à son témoignage. Il insista, et m'indiqua la maison.

— Cette maison ?...

— Portait le numéro 2.

J'y courus immédiatement. Les ouvriers venaient d'en sortir.

J'aurais dû m'en retourner. Mais la fatalité me poussait. Je montai. Au deuxième étage, me voyant seule au milieu des escaliers croulants, la peur me saisit. J'hésitais à aller plus loin, lorsque je crus entendre du bruit au-dessus de ma tête...

— Oh !

— Je me repris à monter. Bientôt je

reconnus deux voix : la vôtre et celle de Bertholet.

Mais ce n'était pas assez pour moi d'entendre, je voulais voir...

— Après ?

— J'étais arrivée aux mansardes. Une rampe étroite comme une échelle me restait à gravir. Je la gravis. Une seconde après, j'étais sur le faîte de la maison.

— Mais là... là... qu'avez-vous vu ?

— Ce que j'ai vu ? répéta-t-elle lentement et en détournant son regard de celui de René.

—Eh bien! J'ai vu un tas d'or, et deux hommes: l'un tombant, l'autre debout.

—O mon Dieu!

—Mon épouvante fut telle que je laissai échapper un cri.

—Je l'ai entendu.

—Et que je m'enfuis sans oser regarder derrière moi.

— Malheur !

René était livide.

— Qu'avez-vous supposé? dit-il.

Hortense se tut.

— Répondez!

— Le soir même, j'apprenais la mort de Bertholet, et, quelques jours après, la nouvelle de votre fortune.

René recula, et trembla.

Puis, par un mouvement inattendu, il saisit les deux mains d'Hortense, et lui cria :

— Me croyez-vous un meurtrier?

Hortense essaya de se dégager, mais sa bouche resta muette.

Il répéta sa question avec douleur.

— Je vous ai dit ce que j'avais vu, répondit-elle sourdement.

René lâcha les mains d'Hortense.

Il ne bougea pas.

Mais deux larmes roulèrent sur ses joues, et qui les auraient vues en aurait été profondément attendri.

Hortense avait baissé la tête.

—Mademoiselle, reprit René après quelques minutes d'un silence horrible, j'ignore ce que vous dit votre conscience en ce moment; mais il est impossible que, dans ma voix, dans mon regard, dans mes larmes, que je ne suis pas le maître de retenir, il est impossible que mon innocence n'éclate pas!

Hortense continua de garder le silence.

— Vous êtes cruelle, et je cherche en vain les motifs qui peuvent vous faire accueillir un soupçon si odieux. Éclairez-moi, instruisez-moi. Quel est votre projet?

— Vous l'avez lu : m'opposer à votre mariage avec Claire.

— Jamais!

— Prenez garde! dit Hortense, dont le regard étincela.

—Oh! mais vous me haïssez donc bien! s'écria René.

—Ce n'est pas vous que je hais.

—C'est elle, alors?.

—Oui, murmura-t-elle.

—Claire... votre amie d'enfance, presque votre sœur... vous la haïssez! dit René, stupéfait; et pourquoi?

—Pourquoi? vous me demandez pourquoi?...

Elle cacha sa tête dans ses mains, sans répondre.

René ne put réprimer un mouvement il commençait à comprendre.

— Claire n'est pas la compagne qu'il vous faut, reprit-elle, enhardie; Claire ne vous connaît que d'hier à peine; Claire ne vous a pas vu tous les jours venir vous asseoir en face d'elle, silencieux et pâle, les yeux attachés sur un livre où vous cherchiez la science pour échapper au désespoir; Claire, depuis quatre ans, n'a pas épié et surpris au passage vos souffrances étouffées...

— Mademoiselle...

— Elle n'a pas fait perpétuellement sa vie de la vôtre, n'attendant que de vous seul la sympathie, ne cherchant qu'en vous seul le charme et l'écho du monde; elle ne s'est pas habituée insensiblement à regarder votre avenir comme le sien, et à le préparer en secret riche et brillant...

— Que voulez-vous dire ?

— Oui, monsieur René, pendant que vous ramassiez une fortune dans des ruines, j'avais rêvé de vous offrir la mienne.

Mon père avait reçu mes confidences, et j'aurais fini par obtenir son consentement.

Oh! ne m'interrompez pas, car ce que j'ose vous dire à présent, à cette heure, je n'oserais peut-être vous le dire plus tard. Laissez-moi profiter de ce moment de résolution.

Vous savez quelle fille sombre et solitaire j'étais; vous vous rappelez ma vie dans ce triste magasin d'où je sortais à peine le dimanche pour aller à l'église. Vous êtes le premier et le seul visage de jeune homme sur lequel mes regards se soient arrêtés.

Ne vous êtes-vous donc jamais demandé, pendant que vous poursuiviez à travers les livres une image fugitive, quelles pouvaient être mes pensées, mes désirs, mes aspirations, à moi?

Ah! vous croyez que j'aie pu être témoin de votre tristesse sans la comparer à la mienne, et sans les rapprocher toutes deux involontairement! Votre voix me rendait tremblante, votre regard me faisait pâlir; entendais-je votre pas? il me semblait que vous marchiez dans mon cœur!

Elle s'interrompit, succombant à son émotion.

FIN DU TROISIÈME VOLUME.

Imprimerie Worms et Cie à Argenteuil.
Bureaux rue Sainte-Anne, 63, à Paris.

EN VENTE

LE BOSSU, AVENTURES DE CAPE ET D'ÉPÉE
par PAUL FÉVAL, auteur de le LOUVE, l'HOMME DE FER, etc., etc.

par HENRY DE KOCK, auteur de le MÉDECIN DES VOLEURS, l'AMOUR ET LE DIABLE, les FEMMES HONNÊTES, les LORETTES VENGÉES, BRIN D'AMOUR.

LA BELLE CRÉOLE

LA REINE DE PARIS
par THÉODORE ANNE, auteur de le MASQUE D'ACIER, la FOLLE DE SAVENAY.

LES FOLIES D'UN GRAND SEIGNEUR
par CHARLES MONSELET, auteur de la FRANC-MAÇONNERIE DES FEMMES, les RUINES DE PARIS.

NENA-SAHIB OU L'INSURRECTION DES INDES
par CLÉMENCE ROBERT, auteur de la TOUR SAINT JACQUES, des ANGES DE PARIS, les DEUX SŒURS DE CHARITÉ, le FOU DE LA BASTIDE

LE CHEVALIER DE DIEU
par PAUL DUPLESSIS, auteur de le TIGRE DE TANGER, les BOUCANIERS, MONTBARS L'EXTERMINATEUR, le BEAU LAURENT, et Albert Longin.

LES SPADASSINS DE L'OPÉRA
par le Vicomte PONSON DU TERRAIL, auteur de la BELLE PROVENÇALE, la CAPE ET L'ÉPÉE, la COMTESSINA, DIANE DE LANCY, etc. etc.

Paris. — Imprimerie de P.-A. BOURDIER et Cⁱᵉ, rue Mazarine, 30.

www.ingramcontent.com/pod-product-compliance
Lightning Source LLC
Chambersburg PA
CBHW060511170426
43199CB00011B/1414